COMENTÁRIOS À LEI SOBRE A REFORMA TRABALHISTA

O QUE MUDOU NA CLT E NAS RELAÇÕES DE TRABALHO

Gleibe Pretti

Pós graduado em Direito e Processo do trabalho e Direito Constitucional pela UNIFIA. Mestre pela Universidade Guarulhos. Doutorando em educação pela Universidade Metodista. Autor de diversas obras na área jurídica pela LTr.

COMENTÁRIOS À LEI SOBRE A REFORMA TRABALHISTA

O QUE MUDOU NA CLT E NAS RELAÇÕES DE TRABALHO

LTr

LTr

EDITORA LTDA.

© Todos os direitos reservados

Rua Jaguaribe, 571
CEP 01224-003
São Paulo, SP — Brasil
Fone (11) 2167-1101
www.ltr.com.br
Agosto, 2017

Versão impressa — LTr 5862.1 — ISBN 978-85-361-9379-3
Versão digital — LTr 9218.8 — ISBN 978-85-361-9362-5

Dados Internacionais de Catalogação na Publicação (CIP)
(Câmara Brasileira do Livro, SP, Brasil)

Pretti, Gleibe

Comentários à lei sobre a reforma trabalhista: o que mudou na CLT e nas relações de trabalho / Gleibe Pretti. – São Paulo: LTr, 2017.

Bibliografia.

1. Direito do trabalho 2. Direito do trabalho – Brasil 3. Reforma constitucional – Brasil 4. Trabalho – Leis e legislação – Brasil I. Título

---

17-07135 CDU-34:331.001.73(81)

Índice para catálogo sistemático:

1. Brasil: Reforma trabalhista: Direito do trabalho 34:331.001.73(81)

SUMÁRIO

APRESENTAÇÃO..7

LEI N. 13.467, DE 13 DE JULHO DE 2017...9

REFERÊNCIAS BIBLIOGRÁFICAS..109

APRESENTAÇÃO

A presente obra tem o escopo de apresentar as movidas trazidas pela Lei n. 13.467 de 2017 que alterou a CLT e todas as relações de emprego.

Além de trazer as movidas e as principais inovações da reforma trabalhista, o autor, como complemento, também aborda os conceitos básicos da doutrina e jurisprudência sobre o tema relatado.

A obra não esgota o tema, pois como sabemos, uma nova lei ou uma reforma dessa monta, trará muitas interpretações distintas acerca dos assuntos novos.

Pois bem, vamos ao estudo!

Prof. Me. Gleibe Pretti

Advogado e perito judicial.

LEI N. 13.467, DE 13 DE JULHO DE 2017

Altera a Consolidação das Leis do Trabalho (CLT), aprovada pelo Decreto-Lei n. 5.452, de 1º de maio de 1943, e as Leis ns. 6.019, de 3 de janeiro de 1974, 8.036, de 11 de maio de 1990, e 8.212, de 24 de julho de 1991, a fim de adequar a legislação às novas relações de trabalho.

Comentário:

Desnecessário discorrer sobre a importância da reforma trabalhista. Independentemente de qual lado o leitor esteja, mas a referida reforma irá trazer muitas mudanças nas relações trabalhistas.

Desta forma, serão feitos os comentários ponto a ponto da lei, de forma objetiva e direta, com o intuito de dar condições do que mudou na lei, assim como os conceitos, características, requisitos e demais temas pertinentes ao caso apresentado.

O PRESIDENTE DA REPÚBLICA Faço saber que o Congresso Nacional decreta e eu sanciono a seguinte Lei:

Art. 1º A Consolidação das Leis do Trabalho (CLT), aprovada pelo Decreto-Lei n. 5.452, de 1º de maio de 1943, passa a vigorar com as seguintes alterações:

"Art. 2º ....

....

§ 2º Sempre que uma ou mais empresas, tendo, embora, cada uma delas, personalidade jurídica própria, estiverem sob a direção, controle ou administração de outra, ou ainda quando, mesmo guardando cada uma sua autonomia, integrem grupo econômico, serão responsáveis solidariamente pelas obrigações decorrentes da relação de emprego.

§ 3º Não caracteriza grupo econômico a mera identidade de sócios, sendo necessárias, para a configuração do grupo, a demonstração do interesse integrado, a efetiva comunhão de interesses e a atuação conjunta das empresas dele integrantes." (NR)

Comentário:

Empregador, o tema merece boa explanação.

Para a configuração do grupo de empresas, se faz necessário o interesse e atuação das empresas integrantes. Desta forma, a caracterização do grupo econômico ficou mais complicado sua prova por parte do empregado, devendo ter elementos sólidos para esse fato.

De acordo com o art. 2º da CLT, "considera-se empregador a empresa, individual ou coletiva, que, assumindo os riscos da atividade econômica, admite, assalaria e dirige a prestação pessoal de serviços". Segundo o mesmo dispositivo legal, "equiparam-se ao empregador, para os efeitos exclusivos da relação de emprego, os profissionais liberais, as instituições de beneficência, as associações recreativas ou outras instituições sem fins lucrativos, que admitirem trabalhadores como empregados".

Assim, empregador é a pessoa física ou jurídica, que assumindo os riscos da atividade econômica assalaria, admite e dirige os funcionários, pode ou não ser um ente dotado de personalidade jurídica, é uma sociedade de fato ou irregular, não registrada, contudo a CLT não é taxativa ao indicar os tipos de empregadores.

As entidades que não têm atividade econômica, também assumem riscos, sendo consideradas empregadores. Outras pessoas também serão empregadores, como a União, Estados-membros, Municípios, autarquias, fundações, o condomínio, a massa falida e o espólio. É também empregador, a pessoa física ou jurídica que explora atividades agrícolas, pastoris ou de indústria rural (Lei n. 5.889/73), e também o empregador doméstico (Lei n. 5.859/72), assim também como a pessoa física que explora individualmente o comércio. É a chamada empresa individual.

Concluindo, empregador é o ente, dotado ou não de personalidade jurídica (pessoa física ou jurídica), com ou sem fim lucrativo, que admite o empregado para a prestação de serviços pelos quais é pago um salário, ou seja, remunerando-o pela utilização de serviço prestado, mediante contrato de trabalho (tácito ou expresso).

Já os riscos da atividade econômica, significa que a empresa deve arcar com as despesas salariais dos seus funcionários, mesmo que ela sofra prejuízo. Quer dizer que tanto o lucro, quanto o prejuízo, deve ser suportado pelo empregador, não podendo ser transferido para o empregado.

O empregador admite o empregado mediante a obrigação de lhe pagar salário, ou seja, o empregado não foi contratado para trabalhar de graça.

O empregador é o responsável pela direção da atividade empresarial, possuindo o poder de direção e organização, o poder de controle e o poder disciplinar, conforme abaixo serão comentados.

Jurisprudência:

DESCONTOS SALARIAIS – ILICITUDE DA CONDUTA EMPRESARIAL EM IMPUTAR AO EMPREGADO OS RISCOS DO EMPREENDIMENTO. O nosso ordenamento jurídico não permite à empregadora imputar ao trabalhador a responsabilidade pelas mercadorias extraviadas e furtadas do estabelecimento por terceiros, haja vista que o risco da atividade econômica lhe pertence, nos termos do art. 2º da CLT, devendo assumi-lo integralmente. Assim, mostra-se ilícita a conduta da reclamada em imputar aos seus empregados a responsabilidade material pelos valores correspondentes às mercadorias furtadas, o que se traduz em descontos indevidos, com transferência dos riscos do empreendimento ao trabalhador, em ofensa aos artigos 2º e 462 da CLT. (TRT 3ª Região. 4ª Turma. RO – 00933-2008-063-03-00-9. Relator Júlio Bernardo do Carmo. Data 27.04.2009).

O empregado está subordinado ao poder de direção do empregador, e este poder de direção é a faculdade atribuída ao empregador de determinar o modo como a atividade do empregado, em decorrência do contrato de trabalho, deve ser exercida.

O poder de direção se subdivide em:

a) Poder de organização

b) Poder de controle

c) Poder disciplinar

Os poderes acima mencionados referem-se à relação de emprego, nos serviços prestados pelo empregado, no local de trabalho, e em conformidade com a legislação.

O empregador possui o poder de ordenar as atividades do empregado, inserindo-as no conjunto das atividades da produção, visando a obtenção dos objetivos econômicos e sociais da empresa. A empresa poderá ter um regulamento interno, e decorre dele a faculdade de o empregador definir os fins econômicos visados pelo empreendimento.

O Poder de controle quer dizer do direito de o empregador fiscalizar as atividades profissionais dos seus empregados, justifica-se, uma vez que, sem controle, o empregador não pode ter ciência das tarefas cumpridas por seu funcionário, uma vez que, em contrapartida, há salário a ser pago.

A própria marcação do cartão de ponto é decorrente do poder de fiscalização do empregador sobre o empregado, de modo a verificar o correto horário de trabalho do obreiro, que inclusive tem amparo legal. Nas empresas com mais de 10 empregados é obrigatória a anotação da hora de entrada e de saída, em registro manual, mecânico ou eletrônico, devendo haver a assinalação do período de repouso.

O ato de proceder a revistas íntimas nas empregadas ou funcionárias é o poder de controle do empregador (ou preposto). Contudo, a revista íntima pode ser feita desde que não seja vexatória ou cause ofensa à integridade moral (373-A,VI, da CLT e Lei n. 9.799/99).

O poder disciplinar é aplicado mediante a suspensão, advertência e dispensa por justa causa. A advertência muitas vezes é feita verbalmente, contudo caso o empregado reitere o cometimento de uma falta, aí será advertido por escrito, e na próxima falta será suspenso. O empregado não poderá ser suspenso por mais de 30 dias, o que importa em rescisão injusta do contrato de trabalho (art. 474 da CLT), a suspensão acarreta a perda dos salários dos dias respectivos mais o DSR. Normalmente o empregado é suspenso por 1 a 5 dias, não sendo necessária a gradação nas punições do empregado. Cabe mencionar, que a Lei não veda que o empregado seja demitido diretamente, sem antes ter sido advertido ou suspenso, desde que a falta por ele cometida seja realmente grave. É a chamada demissão por justa causa. As penalidades injustas ou abusivas serão passíveis de revisão na Justiça do Trabalho.

A Lei n. 6.354/76, em seu artigo 15, dispõe que, é vedado ao empregador multar o empregado, salvo atleta profissional.

Jurisprudência:

INDENIZAÇÃO POR DANO MORAL – RESPONSABILIDADE DA EMPREGADORA – PROVA PERICIAL LASTREADORA DA PRETENSÃO. A Reclamada, considerada empregadora na acepção do *caput* do art. 2º da CLT está inserida no contexto do capitalismo, forrado pela economia de mercado, como um ente destinado à obtenção do lucro, por isso que, no âmbito do Direito do Trabalho, ela se arroga dos poderes organizacional, diretivo, fiscalizatório e disciplinar, por direta e expressa delegação da lei, assumindo amplamente os riscos sociais de sua atividade econômica, e se investe do dever de garantir a segurança, a saúde, assim como a integridade física e psíquica dos seus empregados, durante a prestação de serviços, para que o empregado tenha uma vida normal dentro e fora da empresa. Ao explorar determinado ramo de atividade econômica, o empregador é responsável pelos danos físicos sofridos pelo empregado no exercício de suas atividades laborativas, que integram e proporcionam a edificação e a manutenção do ciclo produtivo, célula mater da sociedade capitalista. Nesta toada, compete à empregadora a adoção de medidas simples ou complexas que minimizem ou eliminem o risco e promovam melhores condições de segurança e de bem-estar físico no trabalho. Constatada, através de prova pericial, a existência de nexo causal entre a lesão, no caso a deficiência auditiva, e o trabalho, devida a indenização por dano moral, que deve ser suportado pela empresa, em valor proporcional à lesão, observado o caráter pedagógico da compensação, bem como a condição social do empregado e a punjança econômica da empresa. (TRT 3ª Região. 4ª Turma. RO – 01623-2008-060-03-00-2. Relator Luiz Otávio Linhares Renault. Data 20.07.2009).

Por fim e não menos importante, as alterações empresariais podem ocorrer de duas formas:

a) alterações na sua estrutura jurídica, por exemplo, a mudança de regime jurídico.

b) alterações em sua propriedade, como a venda.

A legislação celetista trata do tema por meio do artigo 10, onde aduz que qualquer alteração na estrutura jurídica da empresa não afetará os direitos adquiridos por seus empregados. E, ainda, no artigo 448 também da CLT onde consigna que a mudança na propriedade ou na estrutura jurídica da empresa não afetará os contratos de trabalho dos respectivos empregados. Conclui-se, pois, que eventual mudança jurídica na estrutura da empresa, como sua transformação de empresa individual para coletiva ou, de sociedade anônima para limitada, estas alterações, em nada alterarão o contrato de trabalho dos empregados. E mais, a mesma regra vale para o caso de mudança de propriedade, como a venda ou inclusão de novos sócios.

Note-se que, mesmo diante de acordo ou convenção coletiva de trabalho firmada entre as partes, não excluirá os direitos dos trabalhadores, e não há nenhuma repercussão jurídica.

"Art. 4º ....

§ 1º Computar-se-ão, na contagem de tempo de serviço, para efeito de indenização e estabilidade, os períodos em que o empregado estiver afastado do trabalho prestando serviço militar e por motivo de acidente do trabalho.

§ 2º Por não se considerar tempo à disposição do empregador, não será computado como período extraordinário o que exceder a jornada normal, ainda que ultrapasse o limite de cinco minutos previsto no § 1º do art. 58 desta Consolidação, quando o empregado, por escolha própria, buscar proteção pessoal, em caso de insegurança nas vias públicas ou más condições climáticas, bem como adentrar ou permanecer nas dependências da empresa para exercer atividades particulares, entre outras:

I – práticas religiosas;

II – descanso;

III – lazer;

IV – estudo;

V – alimentação;

VI – atividades de relacionamento social;

VII – higiene pessoal;

VIII – troca de roupa ou uniforme, quando não houver obrigatoriedade de realizar a troca na empresa." (NR)

Comentário:

O tempo que o empregado estiver nas forças armadas, assim como afastado por acidente de trabalho, será considerado como tempo efetivo de serviço, devendo ser recolhido o FGTS.

Porém, não será considerado como trabalho, quando o empregado, por escolha própria, buscar proteção pessoal, em caso de insegurança nas vias públicas ou más condições climáticas, bem como adentrar ou permanecer nas dependências da empresa para exercer atividades particulares. Não sendo obrigado o empregador a remunerar.

Para melhor compreensão da Jornada de Trabalho, é preciso antes adentrar em conceitos distintos, que muitas vezes são usados como sinônimos. A expressão "duração de trabalho" é mais ampla do que a expressão "jornada de trabalho", que é mais restrita. "Horário de trabalho" se refere ao lapso de tempo entre o início e o término da jornada de trabalho.

Jornada de trabalho é o período diário que o empregado fica à disposição do empregador executando ou aguardando ordens (artigo 4º, *caput*, da CLT). A jornada de trabalho compreende o período de 8 horas diárias, perfazendo um total de 44 horas semanais, salvo previsão em convenções coletivas. O descanso semanal remunerado (DSR), ou "salário hebdomadário", deve ser concedido aos domingos, com duração mínima de 24 horas.

O registro da jornada de trabalho é ônus do empregador, que conta com mais de 10 empregados (artigo 74, § 2º, CLT).

O artigo 59, *caput*, da CLT, vaticina que a duração normal do trabalho poderá ser acrescida de horas suplementares, em número não excedente de 2, mediante acordo escrito entre empregador e empregado, ou mediante contrato coletivo de trabalho.

Dispõe a Constituição Federal em seu artigo 7º, nos incisos XIII e XIV, sobre a jornada de trabalho, que as jornadas maiores não podem ser instituídas, contudo, podem ser estabelecidas jornadas menores:

XIII – "Duração do trabalho normal não superior a oito horas diárias e quarenta e quatro semanais, facultada a compensação de horários e a redução da jornada, mediante acordo ou convenção coletiva de trabalho".

XIV – "Jornada de seis horas para o trabalho realizado em turnos ininterruptos de revezamento, salvo negociação coletiva."

É relevante destacar que o horário do trabalho constará num quadro organizado, conforme modelo expedido pelo Ministro do Trabalho, e afixado em lugar bem visível. Esse quadro será discriminativo no caso de não ser o horário único para todos os empregados de uma mesma seção ou turma. Ainda o artigo 74 da CLT também alude que o ônus é do empregador em relação ao registro da jornada:

§ 1º – "O horário de trabalho será anotado em registro de empregados com a indicação de acordos ou contratos coletivos porventura celebrados."

§ 2º – "Para os estabelecimentos de mais de dez trabalhadores será obrigatória a anotação da hora de entrada e de saída, em registro manual, mecânico ou eletrônico, conforme instruções a serem expedidas pelo Ministério do Trabalho, devendo haver pré-assinalação do período de repouso."

De acordo com a Lei Complementar n. 123/06 artigo 51, I, as microempresas e empresas de pequeno porte são dispensadas da afixação do quadro de trabalho em suas dependências.

"Art. 8º ....

§ 1º O direito comum será fonte subsidiária do direito do trabalho.

§ 2º Súmulas e outros enunciados de jurisprudência editados pelo Tribunal Superior do Trabalho e pelos Tribunais Regionais do Trabalho não poderão restringir direitos legalmente previstos nem criar obrigações que não estejam previstas em lei.

§ 3º No exame de convenção coletiva ou acordo coletivo de trabalho, a Justiça do Trabalho analisará exclusivamente a conformidade dos elementos essenciais do negócio jurídico, respeitado o disposto no art. 104 da Lei n. 10.406, de 10 de janeiro de 2002 (Código Civil), e balizará sua atuação pelo princípio da intervenção mínima na autonomia da vontade coletiva." (NR)

Comentário:

No que tange as fontes do direito do trabalho, o direito comum apenas poderá ser utilizado, quando houver a ausência de normas na CLT.

Ocorre, outrossim, de forma de inovação, que as súmulas e outros enunciados de jurisprudência editados pelo Tribunal Superior do Trabalho e pelos Tribunais Regionais do Trabalho não poderão restringir direitos legalmente previstos nem criar obrigações que não estejam previstas em lei. Assim, houve uma limitação ao TST e TRT em restringir direitos, mas não em criar novas regras.

Porém, no exame de convenção coletiva ou acordo coletivo de trabalho, a Justiça do Trabalho analisará exclusivamente a conformidade dos elementos essenciais do negócio jurídico, respeitado o disposto no art. 104 da Lei n. 10.406, de 10 de janeiro de 2002 (Código Civil), e balizará sua atuação pelo princípio da intervenção mínima na autonomia da vontade coletiva. Assim, ocorre de forma muito clara que a justiça do trabalho apenas fará a análise da forma e não do conteúdo determinado pelas partes.

O Direito do Trabalho possui fontes formais e materiais. As fontes materiais são os fatos que inspiram o legislador a editar a lei. As fontes formais são as impostas pelo ordenamento jurídico, e se dividem em diretas e indiretas.

As fontes formais indiretas do Direito do Trabalho são a jurisprudência, a doutrina, os princípios gerais do Direito e o Direito Comparado. Veja brevemente cada uma delas, logo adiante.

A jurisprudência, conforme nos ensina, é a interpretação da lei feita pelos juízes e Tribunais nas suas decisões. Depois de reiteradas decisões jurisprudenciais no mesmo sentido, os Tribunais emitem súmulas e precedentes normativos acerca das decisões, que embora não obriguem o juiz em suas decisões, são formas de orientação. Como exceção da obrigatoriedade, existe a Súmula vinculante do STF, introduzida pela EC 45/2004 e a decisão definitiva de mérito proferida pelo STF na ação de constitucionalidade. Insta relembrar que não se usa mais a expressão "Enunciados" para referir às Súmulas (Resolução 129/2005 do TST). Os Tribunais poderão emitir além das Súmulas, os precedentes normativos. A Orientação Jurisprudencial (OJ) são tendências, incidentes passíveis de uniformização jurisprudencial caminhando para se transformarem em Súmulas.

A doutrina refere-se aos comentários, aulas, tratados, pareceres, monografia, são os posicionamentos dos pensadores do Direito.

Os princípios e normas gerais do direito são essenciais ao direito e são critérios que muitas vezes não expressos, constituem os pressupostos lógicos necessários das normas legislativas.

O direito comparado remete-nos às normas aplicadas a outros países desde que não haja sobreposição do interesse de uma classe particular sobre o interesse público.

De acordo com o artigo 8º da CLT, na ausência de legislação, aplica-se a jurisprudência, a analogia, a equidade, os princípios e normas gerais do Direito, os usos e costumes e o Direito Comparado para solucionar questões trabalhistas.

A analogia e a equidade são utilizadas quando não houver norma prevista em lei. A analogia consiste em aplicar a um caso concreto disposição relativa a caso semelhante. Já a equidade é a criação de uma solução própria na hipótese em que a lei for omissa. A analogia assim como a equidade são técnicas de integração com o intuito de suprir lacunas na lei.

As fontes formais diretas encontradas no Direito do Trabalho são: a Constituição, as leis, os decretos, portarias, regulamentos, instruções, os costumes, as sentenças normativas, os acordos e convenções coletivas, os regulamentos empresariais e os contratos de trabalho.

A Constituição é uma fonte de imensa importância para o Direito do Trabalho uma vez que dela se emanam todas as normas. A Constituição brasileira estabelece em seus artigos 7º ao 11º, os direitos básicos dos trabalhadores e de suas entidades representativas. De acordo com o artigo 22, I da CF compete a União legislar sobre Direito do Trabalho.

As leis ordinárias são normas cujo processo de elaboração, tramitação e aprovação, é ordinário, conforme estabelece o artigo 61 da Constituição Federal. A CLT é a principal legislação trabalhista, contudo não é um código, e sim o Decreto-lei n. 5.452/43. Há diversas outras leis esparsas que versam sobre a legislação trabalhista.

Os decretos, portarias, regulamentos e instruções são instrumentos previstos em lei que, sem o poder de alterá-las, são aptos a regulamentá-las, explicando-as e detalhando-as.

O uso e costume são condutas reiteradas e aceitas como sendo um direito, podendo se referir a uma única empresa, a toda uma categoria econômica, ou até, a todo o sistema trabalhista.

As sentenças normativas são decisões proferidas pelos Tribunais do Trabalho quando julgados os dissídios coletivos e abrange toda a categoria econômica e seus respectivos empregados. É reconhecida no artigo 7º, XXVI da CF e seu fundamento está no artigo 114, § 2º da CF. Ocorre quando os sindicatos não chegam em um consenso na negociação coletiva ou na arbitragem, resultando assim na instauração do dissídio coletivo. A decisão desse dissídio coletivo resulta na sentença normativa, e esta, deve respeitar as condições mínimas de proteção ao trabalhador (artigo 114, § 2º da CF).

Os acordos coletivos são ajustados entre sindicato dos empregados e uma ou mais empresas (artigo 611, §1º da CLT), enquanto que as convenções coletivas são ajustes firmado entre o sindicado dos empregados e o sindicato patronal (artigo 611 da CLT). Tanto o acordo como a convenção possuem um efeito normativo acarretando com isso na obrigação do cumprimento do que foi estabelecido. A diferença é que as convenções atingem todos os trabalhadores e empresas integrantes da mesma categoria, dentro do território do respectivo sindicato. Já o acordo coletivo obriga o sindicato, a empresa e todos os seus empregados. Tanto o acordo quanto a convenção coletiva possuem um prazo máximo de 2 anos e deve ser formalizado por escrito, sem rasuras ou emendas, em tantas vias quanto forem os contratantes, passando a vigorar 3 dias após a entrega da via depositada para registro e arquivamento no órgão do Ministério do Trabalho.

Os regulamentos de empresa foram instituídos para disciplinar as condições gerais de trabalho, como promoções, prêmios. Integra o contrato de trabalho e abrange todos os empregados desde o início da vigência do contrato de trabalho e é considerado fonte extra-estatal, autônoma. Sua concordância pode ser tácita. É um contrato unilateral, mas nada impede a participação dos empregados na sua elaboração.

No contrato de trabalho são estipulados direitos e deveres das partes pactuantes, ou seja, empregado e empregador, onde são aprazados condições de trabalho (artigo 8º da CLT).

Os princípios são à base do direito. No Direito do Trabalho são fundamentos que nos permitem orientar, na falta de disposições legais ou contratuais, a exata compreensão das normas, cujo sentido é obscuro, complementando estas lacunas da lei. Assim, diante da falta de dispositivo legal, aplica-se os princípios (artigo 8º da CLT).

No Direito do Trabalho existem princípios específicos previstos na Constituição Federal, dentre eles:

- Igualdade nas relações de trabalho e garantia da dignidade da pessoa humana;

- Artigo 5º, XIII – Liberdade de exercício de qualquer trabalho, ofício ou profissão;

- Artigo 7º, I – Proteção contra dispensa arbitrária ou sem justa causa;

- Artigo 7º, VI – Irredutibilidade dos salários;

- Artigo 7º, XXVI – Reconhecimento das Convenções e Acordos Coletivos;

• Artigo 7º, XXVII – Proteção em face da automação;

• Artigo 7º, XXX, XXXI, XXXII – Princípio da não discriminação nas admissões, contratação ou extinção do contrato de trabalho;

• Artigo 8º – Liberdade sindical;

• Artigo 9º – Direito de greve;

• Artigo 11 – Representação dos trabalhadores nas empresas;

Estabelece o artigo 8º da CLT que "as autoridades administrativas e a Justiça do Trabalho, na falta de disposições legais ou contratuais, decidirão, conforme o caso, pela jurisprudência, por analogia, por equidade e outros princípios e normas gerais de direito, principalmente do Direito do Trabalho, e, ainda, de acordo com os usos e costumes, o direito comparado, mas sempre de maneira que nenhum interesse de classe ou particular prevaleça sobre o interesse público".

São princípios próprios do Direito do Trabalho: o princípio da proteção ao trabalhador, que se desdobra em *in dubio pro operario*, na norma mais favorável, e na condição mais benéfica. O princípio da norma mais favorável que também se desdobra no princípio da hierarquia das normas, princípio da elaboração da norma mais favorável e princípio da interpretação mais favorável.

Além destes, tem o princípio da irrenunciabilidade dos direitos, o princípio da continuidade da relação de emprego, o princípio da primazia da realidade e, o princípio da flexibilização do direito do trabalho.

O princípio da proteção ao trabalhador tem por objetivo equilibrar a relação laboral tornando-se uma forma de compensar a desigualdade econômica presente nas relações de emprego, ou seja, "tratar desigualmente os desiguais, na medida em que se desigualam" (Rui Barbosa).

Desdobra-se no *in dubio pro operario*, nas regras da aplicação da condição mais benéfica e da norma mais favorável.

O *in dubio pro operario* determina que havendo dúvida, o aplicador da lei deve optar pela solução mais favorável ao empregado.

A verdadeira aplicação do princípio do *in dubio pro operario* está na aferição e valoração dos fatos no processo do trabalho para que assim possa se obter a verdade e eliminar a dúvida.

Jurisprudência:

PRINCÍPIO *IN DUBIO PRO OPERARIO*. ÔNUS DA PROVA. O princípio *in dubio pro operario* se traduz em critério de interpretação da norma trabalhista, quando comportar mais de uma interpretação viável. Não se presta a subverter o ônus da prova no processo do trabalho. Assim, não tendo a reclamante se desincumbido satisfatoriamente de seu ônus probatório quanto ao recebimento de prêmios "por fora" dos recibos mensais, impõe-se a manutenção do julgado de origem. (TRT 2ª Região. Processo n.: 00925-2005-017-02-00-4. Ano: 2007. Turma: 12ª. Relator: Adalberto Martins. Data de Publicação: 03.04.2009).

A aplicação da condição mais benéfica estabelece que mesmo que sobrevenha uma norma mais nova, esta nunca deverá servir para diminuir as condições mais favoráveis ao trabalhador, permanecendo neste caso o trabalhador na situação anterior se mais favorável.

Quando houver mais de uma norma aplicável, a opção é aplicar aquela que seja melhor ao empregado, mesmo que hierarquicamente inferior.

Jurisprudência:

BANESPA. DIFERENÇAS DE COMPLEMENTAÇÃO DE APOSENTADORIA. Tratando-se de complementação de aposentadoria, incide, na hipótese, o entendimento da Súmula 288 do C. TST, aplicando-se a norma em vigor na data de admissão, se mais benéfica. Assim, no caso concreto deve ser aplicado o Regulamento Interno de 1965, em seu art. 106 e parágrafo, que não traçou forma específica de cálculo dos proventos de aposentadoria, incidindo, como suporte interpretativo, o vetor principiológico que elege a prevalência da norma mais favorável e da condição mais benéfica. Daí porque o cálculo deve ser realizado como pretendido na inicial e previsto na norma originária mais favorável, ou seja, utilizando-se o divisor 30, multiplicado pelo tempo de serviço efetivo incidente sobre o resultado da subtração dos proventos de INSS do salário-base (remuneração efetiva da categoria) da época da aposentadoria, que resulta em complemento de aposentadoria maior do que o pago pela reclamada, consoante cálculos embasados na fórmula traçada no Regulamento Interno de 1975, art. 87, parágrafo 8º. (TRT 2ª Região. Processo n.: 00091-2008-026-02-00-0. Ano: 2009. Turma: 4ª. Relator Ricardo Artur Costa e Trigueiros. Data: 03.07.2009)

O princípio da norma mais favorável também pode ser desdobrado em três: princípio da hierarquia das normas, princípio da elaboração da norma mais favorável e princípio da interpretação mais favorável.

Determina o princípio da hierarquia que independente da hierarquia entre as normas sempre deverá ser aplicada a que for mais benéfica ao empregado.

O princípio da elaboração da norma mais favorável estabelece que quando o legislador elabora uma lei trabalhista ele deve sempre ampliar sua proteção buscando a melhoria de condições ao trabalhador.

Pelo princípio da interpretação mais favorável prevalecerá o entendimento que for mais benéfico aos interesses do trabalhador.

Jurisprudência:

ORGANIZAÇÃO SINDICAL – ENQUADRAMENTO – Todos os empregadores, empregados, agentes ou trabalhadores autônomos, assim como profissionais liberais, sem exceção, podem associar-se livremente, desde que exerçam, respectivamente, a mesma atividade ou profissão, ou atividades, ou profissões similares ou conexas. A filiação sindical é um direito garantido constitucionalmente e integra o princípio da liberdade sindical, que até poderia ser o único princípio informador do Direito Sindical. Por conseguinte, a viga mestra do sindicalismo brasileiro é a categoria, que pode ser diferenciada e se forma por empregados que exerçam profissões ou funções diferenciadas por força de estatuto profissional especial ou em consequência de condições de vida singulares. No vértice de uma ou de outra figura, deparamos com o mesmo ponto de envergadura jurídica: a categoria, cuja aglutinação se dá pela identidade de atividade e de vida. O enquadramento sindical do empregado é determinado em estrito paralelismo com a atividade preponderante da empresa para a qual presta serviços subordinados. O ponto de partida é a atividade preponderante da empresa, e o de chegada é a categoria profissional, sendo que o caminho inverso, na maioria das vezes, leva ao mesmo resultado, porque poucas são as categorias diferenciadas, e o foco predominante na empresa acaba por dominar e arrastar a maioria das atividades desenvolvidas por seus empregados. A economia moderna, marcada pela fusão de empresas e pela diversidade de atividades, tem conduzido o capital à exploração de diversas atividades, com linhas tênues quanto à efetiva predominância de uma sobre a outra. Evidenciado, no caso em exame, que a Reclamada atuava em vários segmentos de ordem assistencial, mas tendo havido a predominância da assistência social em detrimento da filantropia pura e havendo mais de um instrumento normativo disciplinando a mesma situação fática, pode o intérprete aplicar a norma mais favorável ao empregado, porque se trata de um princípio da essência do Direito do Trabalho clássico, que deve ser valorizado, em um mundo de uma economia em constante mutação, com tendências à priorização dos bens materiais em detrimento da pessoa humana, que é, em qualquer circunstância, o núcleo dos núcleos do ordenamento jurídico. (TRT 3ª Região. Processo n. RO – 00292-2009-112-03-00-9. 4ª Turma. Relator Luiz Otávio Linhares Renault. DEJT Data: 13.07.2009).

O princípio da irrenunciabilidade dos direitos vem previsto nos artigos 9º, 444 e 461 da CLT, e estabelece que os direitos trabalhistas não podem ser renunciados pois representam as condições mínimas asseguradas pelo legislador ou mesmo por convenções, ao trabalhador.

A renúncia é o ato unilateral do empregado, onde desiste de um direito garantido por lei. Somente será permitida a renúncia se tratar de norma legal cogente, ou que derive de sentença normativa ou de cláusula indisponível de pacto coletivo, mesmo assim, a renúncia só será possível quando realizada em juízo e comprovado que o empregado não foi coagido.

São consideradas como justificativas para este princípio: as normas trabalhistas são de ordem pública, ou seja, o Estado as caracteriza como imprescindível e essencial para a sociedade, as normas trabalhistas não podem ser transacionadas, portanto são indisponíveis, as normas trabalhistas tratam de condições mínimas ao trabalhador, por isso são imperativas.

Estabelece o artigo 9º da CTL que os atos praticados para desvirtuar, impedir ou fraudar a aplicação dos direitos celetistas são nulos.

Jurisprudência:

RECURSO ADESIVO DA RECLAMADA – FUNCEF – COMPETÊNCIA DA JUSTIÇA DO TRABALHO – COMPLEMENTAÇÃO DE APOSENTADORIA. Compete à Justiça do Trabalho o processamento e julgamento de lide que versa sobre a existência ou não de diferenças de complementação de aposentadoria, já que oriundas da relação de trabalho. Nego provimento. RECURSO DA RECLAMANTE – TRANSAÇÃO. Por se tratar de previdência complementar, em que a adesão se dá por ato voluntário de qualquer empregado da CEF que seja associado ao FUNCEF, poderá o empregado transacionar qualquer de suas cláusulas; diferente do que ocorre com a previdência social do INSS, que é um direito irrenunciável amparado pelo princípio da irrenunciabilidade dos direitos trabalhistas. Nega-se provimento ao recurso. (TRT 23ª Região. RO – 00208-2008-003-23-00. Relator Desembargador Osmair Couto. Data: 31.10.2008).

No Direito do Trabalho prevalece à preferência aos contratos por tempo indeterminado, atribuindo, à relação de emprego, a mais ampla duração sob todos os aspectos.

Determina a lei que o contrato de trabalho será por tempo indeterminado, salvo quando houver permissão legal, aplicando-se assim o contrato por prazo determinado.

O objetivo deste princípio é reprimir a sucessão de contratos, ou seja, a demissão e readmissão em curto prazo que visam fraudar os direitos trabalhistas.

Jurisprudência:

PEDIDO DE DEMISSÃO. EMPREGADO COM MAIS DE UM ANO DE SERVIÇO. AUSÊNCIA DE HOMOLOGAÇÃO. VÍCIO DE FORMA. 'O pedido de demissão ou recibo de quitação de rescisão do contrato de trabalho, firmado por empregado com mais de 1 (um) ano de serviço, só será válido quando feito com a assistência do respectivo Sindicato ou perante a autoridade do Ministério do Trabalho', nos termos do § 1º do art. 477 da CLT. A exigência a que alude a lei não pode ser mitigada, sob pena de desvirtuar o intuito da norma mencionada, visto que o legislador infraconstitucional objetivou salvaguardar o empregado, em observância aos princípios da proteção e da continuidade da relação de emprego, que normalmente se encontra em situação de hipossuficiência. Trata-se, pois, de condição *sine qua non* para a validade do ato. (TRT 23ª Região. RO – 00067-2008-022-23-00. Relator desembargador Roberto Benatar. Data: 30.06.2009).

Estabelece esse princípio que o ocorrido deve ser levado em conta, prevalecendo o fato real, do que aquilo que consta de documentos formais.

Jurisprudência:

VÍNCULO DE EMPREGO. PRÉ-CONTRATO. PRINCÍPIO DA PRIMAZIA DA REALIDADE – O princípio da primazia da realidade prevalece no Direito do Trabalho, de modo que as relações jurídicas são definidas e conceituadas pelo seu conteúdo real, sendo irrelevante o nome que lhes foi atribuído pelas partes. Assim, demonstrado nos autos que a empresa reclamada arregimentou trabalhadores em outras cidades, levando-os para Santo André sob a promessa de que seriam contratados após a realização de exames médicos, e que após tais exames o reclamante chegou a participar de curso de integração, deve ser mantida a r. sentença que reconheceu a existência de vínculo de emprego no período em que o autor permaneceu à disposição da empresa. (TRT 3ª Região. RO – 00474-2008-097-03-00-0. 1ª Turma. Relatora Maria Laura Franco Lima de Faria. Data: 12.06.2009).

CONTRATO – CONTEÚDO – CONVERSÃO SUBSTANCIAL – MANIFESTAÇÃO DA VONTADE – PERTINÊNCIA QUANTO AO CUMPRIMENTO DAS PRESTAÇOES – AUTONOMIA PRIVADA. A conversão substancial do contrato, no fundo e a rigor, nada mais é do que a aplicação do princípio da primazia da realidade, tão caro e importante para os estudiosos do Direito do Trabalho. O contrato de representação comercial, assim como outros contratos afins, tem como elemento central para o seu cumprimento uma atividade do ser humano, pessoa física, e que se consubstancia na prestação de serviços para outrem. A fronteira entre os tipos contratuais costuma ser tênue, pois os extremos se aproximam: autonomia e subordinação. Aproximam-se, porque, na verdade, ninguém é completamente autônomo, isto é, ninguém possui um poder tão amplo de ditar todas as suas normas. Todavia, isso não impede que a autonomia, própria do contrato de representação comercial e a subordinação, típica do contrato de emprego, sejam diferenciadas, com certa margem de segurança. Em primeiro lugar, cumpre observar que os aspectos formais da contratação são fruto da autonomia privada e não fazem uma espécie de coisa julgada sobre o tipo jurídico encetado pelas partes. O juiz pode avaliar a espécie de contrato, muitas vezes avençado sob determinada forma, por uma questão de necessidade, imprimindo-lhe autenticidade negocial. A constituição de pessoa jurídica, a assinatura de contrato de representação comercial, a inscrição seja perante o órgão de classe, seja perante a Previdência Social ou mesmo perante o Município, para fins de pagamento de ISS, são aspectos formais, aos quais se deve atribuir valor relativo. Valem na medida e na proporção que guardam pertinência com a realidade dos fatos, que sempre deve prevalecer, pois é sobre ela que se assenta, se afirma e se desenvolve, sem máscaras, a relação jurídica. Em segundo lugar, a subordinação possui diversos matizes e a cada dia vai ganhando mais opacidade, tendo em vista os avanços tecnológicos, que permitem, em certas atividades, o controle da prestação de serviços à distância, sem a presença física do prestador de serviços. Assim, a inserção objetiva do trabalho no núcleo do empreendimento ganha relevância e permite ao intérprete que estabeleça uma conversão substancial do conteúdo contratual, reconhecendo a presença dos pressupostos e dos requisitos do contrato de emprego. (TRT 3ª Região. RO – 00175-2009-007-03-00-1. 4ª Turma. Relator Luiz Otávio Linhares Renault. Data: 12.06.2009).

O princípio da flexibilização no Direito do Trabalho significa a adaptação das relações de trabalho a uma determinada situação econômica, resultando assim em oposição à existência de um direito inflexível e engessado.

Significa um ajuste na legislação trabalhista à realidade, sem modificar sua estrutura e seus fundamentos.

Jurisprudência:

TRABALHO EM REGIME PARCIAL – ART. 58-A DA CLT – DIREITO A DIFERENÇAS SALARIAIS E REFLEXOS. O regime de tempo parcial previsto no art. 58-A da CLT, com salário proporcionalmente fixado, insere-se no contexto mais geral de reestruturação produtiva, do qual emergem, no âmbito das relações de trabalho, processos e medidas dotados de crescente flexibilização, que diversificam a tutela arquetípica do sistema jurídico-laboral. Pode atender à política de emprego, como, sem controle, pode traduzir-se em pura e simples precarização do trabalho, pela supressão ou redução de direitos. Nessa esteira, insere-se na segunda hipótese a contratação de vigilante para trabalhar 4 horas mensais, como uma forma de atendimento à exigência da Polícia Federal de que a empresa de vigilância conte com no mínimo trinta empregados (consoante declaração do próprio preposto), caracterizando um meio de contornar a fiscalização da atividade (cf. Lei 7.102/83). Ainda que o art. 58-A não tenha fixado um limite mínimo para a jornada, estabelece o limite máximo de 25 horas semanais. Portanto, a semana, com seus sete dias consecutivos, é o período de tempo dentro do qual, observadas outras condições, será lícita a contratação de empregado para trabalhar em horário reduzido. Note-se que o legislador reafirmou o critério de contar-se o tempo de trabalho em função da semana ao tratar das férias, no art. 130-A da CLT. Demais disso, é indispensável que haja controle, administrativo e/ou judicial, para recusar validade à avença que se mostrar, à vista da situação concreta, abusiva e prejudicial à proteção jurídica do empregado ou desconforme ao princípio de razoabilidade. E, tratando-se de uma contratação atípica, alguma formalidade se deve exigir no plano de sua validade jurídica, impondo-se a adoção da forma escrita. Por outro lado, o tempo parcial foi, no caso, objeto de convergência do próprio reclamante, regime acolhido, genericamente, no instrumento normativo, resultado, portanto de negociação coletiva. O problema situa-se, como visto, no uso abusivo do regime de tempo. Considero solução razoável e adequada à presente controvérsia assegurar-se ao empregado o pagamento de salário correspondente a 25 horas semanais de trabalho, pois à falta de estipulação válida considera-se que esse esteve à disposição do empregador pelo menos durante tal jornada reduzida. Recurso provido para deferir ao autor as diferenças salariais e reflexos, consoante os parâmetros fixados. (TRT 3ª Região. RO – 01454-2008-011-03-00-0. 1ª Turma. Relatora Maria Laura Franco Lima de Faria. Data: 31.07.2009).

Além destes princípios constitucionais e gerais do Direito do Trabalho a doutrina ainda cita vários outros:

• princípio da razoabilidade – o aplicador da lei deve ser razoável baseando sua conduta no bom senso;

• princípio da boa-fé – as partes devem utilizar a boa-fé na execução do contrato laboral;

• princípio da integralidade e intangibilidade dos salários – o salário é impenhorável e imune de descontos não previstos em lei;

• princípio da autonomia da vontade – não havendo ofensa a ordem jurídica e ao interesse público a vontade dos contratos é livre;

• princípio da força obrigatória dos contratos – os contratos devem ser cumpridos.

Jurisprudência:

DANO MORAL. FIXAÇÃO DO "QUANTUM" INDENIZATÓRIO. O processo de estimação do dano moral decorre do arbítrio do julgador. Para fixação dos valores há de se observar o princípio da razoabilidade acautelando-se o magistrado para que a indenização atenda aos objetivos retributivos e pedagógicos, vale dizer, prestando-se a tentar amenizar a dor da vítima e a penalizar o agente ofensor de modo a evitar a recidiva no mesmo ato ilícito. Na hipótese, considerando o fato de que o trabalhador, ainda na tenra idade de 20 anos e no seu primeiro emprego, foi vítima de acidente do trabalho causado por negligência da reclamada que resultou na amputação parcial de dois dedos e contusão de outro, da mão esquerda, e considerando ainda que a reclamada é empresa com capital social de mais de nove milhões de reais, considera-se razoável fixar o valor de R$50.000,00 como reparação dos danos morais constatados. (TRT 3ª Região. RO – 01099-2008-062-03-00-2. 6ª Turma. Relator Convocado Fernando Antonio Viegas Peixoto. Data: 13.07.2009).

INDENIZAÇÃO POR DANOS MORAIS. MANUTENÇÃO DO EMPREGADO EM OCIOSIDADE. Uma das principais obrigações patronais, ao lado do pagamento da contraprestação laboral, é o de fornecer trabalho aos empregados. A atitude do empregador, ao manter a empregada em completa ociosidade, isso já no período noturno, após toda uma jornada de labor, soa como espécie de castigo por ver-se obrigada a, finalmente, cumprir o comando legal de concessão integral do intervalo intrajornada, antes parcialmente concedido, tendo que ajustar os horários de trabalho. O procedimento extrapola os limites do exercício regular do direito, constituindo abuso, ofensivo ao princípio da boa-fé e da dignidade do empregado. Cabe, portanto, reparação pelo ilícito perpetrado, nos termos dos artigos 187 e 927 do Código Civil. (TRT 3ª Região. RO – 00417-2008-036-03-00-1. Turma: Turma Recursal de Juiz de Fora. Relator Heriberto de Castro. Data: 19.11.2008).

HORAS EXTRAS. CARGO DE CONFIANÇA. GERENTE DE NEGÓCIOS. Hipótese em que o reclamante, exercente de função revestida de fidúcia especial, estava sujeito a jornada de oito horas diárias, sendo extraordinárias as trabalhadas além da 8ª. Entendimento jurisprudencial consubstanciado no En. 232 da SJTST. QUILÔMETROS RODADOS E REEMBOLSO DE COMBUSTÍVEL. O salário do empregado é amparado pelos princípios da integralidade e da intangibilidade, razão pela qual não é lícito que o mesmo suporte as despesas decorrentes do desgaste e depreciação a que foi submetido seu veículo particular em proveito da atividade econômica desenvolvida pela empresa. (TRT 4ª Região. RO n.: 00428.661/98-0. Ano: 1998. Turma: 5ª Turma. Relator Juiz João Ghisleni Filho. Data: 04.12.2000).

"**Art. 10-A.** O sócio retirante responde subsidiariamente pelas obrigações trabalhistas da sociedade relativas ao período em que figurou como sócio, somente em ações ajuizadas até dois anos depois de averbada a modificação do contrato, observada a seguinte ordem de preferência:

I – a empresa devedora;

II – os sócios atuais; e

III – os sócios retirantes.

Parágrafo único. O sócio retirante responderá solidariamente com os demais quando ficar comprovada fraude na alteração societária decorrente da modificação do contrato."

Comentário:

Grande inovação na lei, o sócio será responsável apenas, pelos débitos trabalhistas, enquanto figurou como sócio, sendo responsável apenas por esse período.

Jurisprudência:

RESPONSABILIDADE SOLIDÁRIA. GRUPO ECONÔMICO. Quando há sucessão de empresas, o sucessor responde pelas obrigações assumidas pelo antecessor, sem solução de continuidade, fato que não se verifica pela documentação acostada nos autos. Ficando comprovada a total ingerência e comando da 1ª reclamada na direção hierárquica das demais empresas, sendo ela a detentora de todos os equipamentos utilizados pela terceira e quarta reclamadas, que não podiam dirigir o próprio empreendimento ou prestar serviços a terceiros, pois tinham que seguir as suas determinações, e para quem os serviços eram prestados com exclusividade, é incontroversa a existência do grupo econômico, restando evidenciado o controle e fiscalização pela empresa líder, justificando-se a responsabilidade solidária das reclamadas perante os créditos trabalhistas decorrentes da relação de emprego. (TRT 3ª Região. 3ª Turma. RO-00078-2008-017-03-00-5. Relator Bolívar Viégas Peixoto. Data 29.11.2008).

"**Art. 11.** A pretensão quanto a créditos resultantes das relações de trabalho prescreve em cinco anos para os trabalhadores urbanos e rurais, até o limite de dois anos após a extinção do contrato de trabalho.

I – (revogado);

II – (revogado).

§ 2º Tratando-se de pretensão que envolva pedido de prestações sucessivas decorrente de alteração ou descumprimento do pactuado, a prescrição é total, exceto quando o direito à parcela esteja também assegurado por preceito de lei.

§ 3º A interrupção da prescrição somente ocorrerá pelo ajuizamento de reclamação trabalhista, mesmo que em juízo incompetente, ainda que venha a ser extinta sem resolução do mérito, produzindo efeitos apenas em relação aos pedidos idênticos." (NR)

"Art. 11-A. Ocorre a prescrição intercorrente no processo do trabalho no prazo de dois anos.

§ 1º A fluência do prazo prescricional intercorrente inicia-se quando o exequente deixa de cumprir determinação judicial no curso da execução.

§ 2º A declaração da prescrição intercorrente pode ser requerida ou declarada de ofício em qualquer grau de jurisdição."

Comentário:

Cumpre salientar que a nova redação do artigo 11 da CLT, impõe o prazo de 5 anos para todos os direitos trabalhistas, inclusive as ações declaratórias e débitos juntos ao INSS. E trouxe, também, a prescrição intercorrente, que nada mais é do que a inércia do exequente, que quando intimado, não realiza nenhum ato na execução.

É muito comum pairar certa confusão com os termos prescrição e decadência. O assunto é complexo e de muitas celeumas, sendo motivo de calorosos debates entre os juristas. Prescrição é a perda da ação judicial atribuída a um direito e de toda sua capacidade defensiva, em consequência da inércia (não uso) de seu titular por um determinado lapso de tempo, ou seja, é a forma de extinguir um direito, é a perda do direito de ação pelo decurso do tempo. Por outro lado, a decadência, ou prazo extinto, é a perda do direito em virtude da inércia de seu titular, quando o direito, foi de origem, outorgado para ser exercido num determinado prazo, e este prazo se extingue sem que tal exercício fosse confirmado.

Observe que tanto na prescrição quanto na decadência, a inércia e o tempo são elementos comuns entre ambos, porém, a diferença está quanto ao objetivo e o momento de atuação. Enquanto na decadência, a inércia diz respeito ao exercício do direito e o tempo produz seus efeitos a partir do seu nascimento, na prescrição, a inércia diz respeito ao exercício da ação e o tempo produz seus efeitos a partir do nascimento desta, que via de regra, é posterior ao nascimento do direito que ela protege. Em suma, a decadência tem o efeito de extinguir o direito, enquanto a prescrição de extinguir a ação.

Como se pode observar, a decadência é reconhecida após o ajuizamento da ação e não afeta o exercício desse direito, mas sim a exigibilidade deste direito. A inércia do titular do direito violado que não busca a reparação no prazo previsto em Lei, acarreta a prescrição.

Dispõe o Código Civil em seu artigo 189 sobre a prescrição: "Violado o direito, nasce para o titular a pretensão, a qual se extingue, pela prescrição, nos prazos a que se referem os artigos 205 e 206".

O prazo prescricional estabelecido pelo Estado em Lei objetiva a segurança jurídica das relações, e no que se refere à prescrição trabalhista, esta foi tratada pela Constituição Federal, art. 7º, XXIX. A prescrição trabalhista foi tratada pela Lei Maior. Em se tratando da prescrição trabalhista, esta foi tratada pela nossa Lei Maior.

A Emenda Constitucional n. 28, de 26 de maio de 2000, revogou o artigo 233 do ADCT/CR88, bem como as alíneas "a" e "b", do inciso XXIX do artigo 7º da CF, passando o referido inciso a ter a seguinte redação: "XXIX – ação, quanto a créditos resultantes das relações de trabalho, com prazo prescricional de cinco anos para os trabalhadores urbanos e rurais, até o limite de dois anos após a extinção do contrato de trabalho."

Sendo assim, deixou de haver distinção entre a prescrição do empregado urbano e a prescrição do empregado rural.

A prescrição classifica-se em extintiva e aquisitiva. Os termos prescrição extintiva e prescrição aquisitiva são modalidades distintas de prescrição.

A prescrição extintiva diz respeito à prescrição genérica, ou seja, representa a perda de um direito, quando o seu titular, pela inércia e decurso do tempo, não exercita a tutela defensiva para exigi-lo. Implica o término do direito de ação que é o meio legal para exigir o direito violado.

Os requisitos da prescrição extintiva são:

a) existência de uma ação exercitável;

b) inércia do titular da ação pelo seu não exercício;

c) continuidade dessa inércia durante certo lapso de tempo;

d) ausência de algum fato ou ato a que a lei confere eficácia impeditiva, suspensiva ou interruptiva do prazo prescricional.

A prescrição aquisitiva é hipótese contrária. Consiste na aquisição de um direito real sobre um bem pelo decurso do prazo, e não, na perda.

Nessa modalidade de prescrição, se por um lado há a aquisição de um direito pelo decurso do tempo, por outro, há a perda da possibilidade do antigo proprietário reivindicar sua propriedade. A prescrição aquisitiva é instituto relacionado exclusivamente aos direitos reais sobre as coisas, sejam elas móveis ou imóveis. Os seus elementos básicos são a posse e o tempo.

Dentre tantas novidades legislativas que ocorrem a cada instante no mundo das leis, sempre vislumbrando construir um processo mais célere/efetivo, certamente há que se conferir destaque para mais uma particularidade jurídica trazida pela Lei n. 11.280, de 16.02.2006 que modificou o diploma legal, e o artigo 219, § 5º, do CPC, trouxe nova redação: "O Juiz pronunciará, de ofício, a prescrição".

O texto, de notar, é curto, porém, seus efeitos jurídicos são profundos, pois constitui medida que se propõe a concretizar o princípio da celeridade processual, estampado no artigo 5º, inciso LXXVIII, da Constituição Federal.

Jurisprudência

PRESCRIÇÃO – DECLARAÇÃO DE OFÍCIO – INCOMPATIBILIDADE – PRINCÍPIO PROTETIVO – A prescrição, como modalidade extintiva ou aquisitiva do direito de ação e medida de defesa destinada a excluir a pretensão inicial (total ou parcialmente). O art. 269, IV do CPC coloca a prescrição como matéria de mérito. E, como tal, por versar sobre direito patrimonial, a teor do art. 194 do CC/02, cc arts. 128 e 219, parágrafo 5º do CPC, deve ser argüida pela parte interessada, em qualquer grau ordinário de jurisdição, completa o art. 193 do CC/02. O que implica necessariamente a possibilidade de renúncia, expressa ou tácita, tal como previsto no art. 191 do mesmo Diploma. O exercício dessa prerrogativa, por parte do devedor ou obrigado, é incompatível com a pronúncia de ofício da prescrição, pelo juiz. O instituto da prescrição, nos sistemas Processual Civil e Trabalhista são diversos. Não há compatibilidade na aplicação do art. 219, parágrafo 5º do CPC, aqui no processo do trabalho, já que se pretende garantir a isonomia das partes, assegurando condições jurídicas ao hipossuficiente. Até porque também afrontaria ao princípio protetivo delegado ao empregado e a seus direitos alimentares exigidos nesta Especializada. Afasto a declaração de prescrição de ofício. (TRT 2ª Região. 6ª Turma. RO01 – 00392-2006-034-02-00-7. Relatora Ivani Contini Bramante. Data: 22.02.2008).

"PRESCRIÇÃO – EXECUÇÃO. CONHECIMENTO DE OFÍCIO. A possibilidade de conhecimento de ofício da prescrição, na forma estabelecida pelo artigo 219, § 5º, do CPC, somente pode se dar na ação de conhecimento, jamais na de execução, cujo único objetivo, nos termos do artigo 879, § 1º, da CLT, é o fiel cumprimento da coisa julgada. Agravo de petição a que se nega provimento." (TRT 2ª Região. 10ª Turma. AP01 – 02256-2005-056-02-00-8. Relatora Rilma Aparecida Hemetério. Data: 16.06.2009).

Para se analisar a prescrição, é mister que se busque alguns elementos que integram a prescrição, quais sejam: a existência de ação exercitável, a inércia do titular da ação pelo não exercício do seu direito, o transcurso de certo lapso de tempo no qual o titular da ação se mantêm inerte e a ausência de fato ou ato ao qual a Lei atribui a eficácia impeditiva, suspensiva ou interruptiva do curso prescricional.

As causas impeditivas da prescrição são aquelas que não permitem que o prazo prescricional comece a correr ou a fluir, impossibilitando o início da contagem do prazo. No Direito do Trabalho têm os seguintes exemplos:

– Menoridade (artigo 440 da CLT e 10 da Lei n. 5.999/73) contra menores de 18 anos não corre nenhum prazo de prescrição. Assim, o início do prazo prescricional para menores só começa a fluir após o 18º aniversário.

– A incapacidade civil absoluta também é causa impeditiva (artigos 3º e 198, I, do Código Civil). Os direitos decorrentes do contrato de trabalho e transmitidos aos herdeiros são apenas aqueles ainda não alcançados pela prescrição na data do falecimento do pai.

- Não corre a prescrição não estando vencido o prazo combinado.

Como se pode observar, as causas impeditivas são anteriores ao início da prescrição, ao contrário das causas suspensivas, que são supervenientes ao início da fluência do prazo prescricional.

Jurisprudência:

PRESCRIÇÃO. MENORIDADE. CAUSA IMPEDITIVA. Uma das causas impeditivas da prescrição é a incapacidade do menor e, sobre o tema, a lei trabalhista tem regra específica, não se aplicando as normas de direito comum. Estabelece o art. 440 da CLT que não corre prescrição contra os menores de 18 anos, o que significa que, na seara trabalhista, a menoridade é fator impeditivo da prescrição e cessa quando o menor completa 18 anos, e não aos 21 anos como pretende o recorrente. (TRT 19ª Região. Turma: Tribunal Pleno. RO – 01174-2003-056-19-00-1. Relator Juiz Pedro Inácio. Data: 27.10.2004).

Causas suspensivas são aquelas que criam um obstáculo momentâneo à continuidade do prazo que já estava fluindo. Não existindo mais a causa suspensiva, prossegue a contagem do prazo, levando em conta o tempo anterior e prosseguindo-se a contagem pelo tempo que faltar.

São causas suspensivas da prescrição:

– Criada pela Lei n. 9.9581/2000, a submissão de qualquer demanda à Comissão de Conciliação Prévia – CCP (artigo 625-G da CLT) ou Núcleo Intersindical de Conciliação Trabalhista suspende o curso prescricional, nos limites do artigo 625-O da CLT.

– Ausência do titular, quando este está fora do Brasil em serviço público da União, Estado ou Município;

– O período em que a pessoa se encontrar servindo as Forças Armadas em tempo de guerra (artigo 198, II e III do CC).

Além das causas suspensivas da prescrição mencionadas acima, há outras que merecem o devido destaque: Deve-se conceder a isenção ao titular do direito que se vê impossibilitado de ajuizar a ação, por paralisação das atividades judiciárias e força maior; Ainda, Lei Municipal que decreta feriado em sua comarca, no último dia em que o titular do direito pudesse defender seus interesses em Juízo; Por fim, a doença do empregado que o impossibilita a ajuizar a ação, aplicando, por analogia, o artigo 199, I, do Código Civil.

Contudo, se o nascimento do direito de ação ocorre durante o tempo de ausência, as causas podem se transformar em impeditivas porque não permitem que o prazo prescricional comece a fluir.

São os fatos provocados e determinados diretamente pelas partes. Paralisam o curso prescricional já iniciado, que será desprezado, desaparecida a causa interruptiva, quando então começará um novo curso prescricional, esquecendo-se o prazo transcorrido anteriormente.

A principal causa interruptiva no Direito do Trabalho é a decorrente da propositura de ação judicial trabalhista (artigo 202, I, CC). A data dessa propositura fixa o termo exato da interrupção, por ser automática a citação (notificação) do reclamado no processo do trabalho (artigo 841 da CLT), tomando o Juiz conhecimento do processo, em regra, apenas na audiência inaugural.

No Direito do Trabalho, a notificação é feita automaticamente, sem necessidade de despacho do Juiz (artigo 841 da CLT), assim, a interrupção da prescrição ocorre pelo simples ajuizamento da reclamação. Mesmo ocorrendo o arquivamento da reclamação, é predominante o entendimento de que ela tem a capacidade de interromper a prescrição.

A Súmula 268, TST alude que "A jurisprudência trabalhista firmou que a extinção do processo sem julgamento do mérito não prejudica a interrupção prescricional efetuada com a propositura da ação."

Jurisprudência:

PRESCRIÇÃO. AJUIZAMENTO DE AÇÃO TRABALHISTA ANTERIOR. INTERRUPÇÃO DO PRAZO PRESCRICIONAL. É cediço que a prescrição extintiva consiste na perda pelo titular da faculdade de exigir em juízo a sua pretensão, por não ter se manifestado dentro de certo lapso temporal. O instituto em tela, portanto, exige dois requisitos para a sua configuração: decurso do tempo e inércia do titular. Especificamente no que se refere à fluência do prazo prescricional deve ser analisado se não ocorreram causas interruptivas, suspensivas ou impeditivas de prescrição, que constituem limites legais ao escoamento do lapso temporal para exigibilidade da pretensão. No caso em comento, a ação movida pelo espólio, por intermédio da inventariante, é fato inequívoco nos autos, sendo que a provocação da Justiça do Trabalho pode ser descrita como a antítese do elemento inércia, razão pela qual entendo afastado este último requisito à caracterização da prescrição. Neste contexto, verificou-se a interrupção do lapso prescricional em favor da reclamação ajuizada pelos herdeiros e pela viúva do *de cujus*, uma vez que a Justiça do Trabalho prima pela primazia da realidade, sendo que qualquer tese contrária a esta seria validar a forma em detrimento dos fatos. Ademais, não se pode esquecer que o art. 203 do Código Civil dispõe que 'A prescrição pode ser interrompida por qualquer interessado', com o que enuncia que a finalidade do instituto da interrupção prescricional é resguardar o direito lesado da forma mais ampla possível. Por conseguinte, entendo que no caso *sub judice* houve interrupção da prescrição bienal pelo ajuizamento da primeira ação trabalhista movida pelo espólio e suspensão do lapso prescricional pela ação trabalhista que se seguiu, de modo que não caracterizou o instituto da prescrição no caso em comento. (TRT 23ª Região. RO – 00263-2008-022-23-00. Relator Desembargador Tarcísio Régis Valente. Data: 16 09 2008).

Após a análise da eficácia impeditiva, suspensiva ou interruptiva do curso prescricional, faz necessário observar a distinção entre a prescrição total e parcial e seus efeitos na relação empregatícia, pois, conforme o título jurídico da parcela, a *actio nata* firma-se em momentos distintos.

Na prescrição total, a lesão ocorre em um só momento, passando a incidir o prazo prescricional a partir do evento danoso. Na prescrição parcial, a lesão se renova a cada prestação, ou seja, se as prestações, forem mensais, por exemplo, se renovariam todo mês, gerando uma espécie de parcela imprescritível, porém, somente podendo reclamar os 5 anos anteriores ao requerimento.

Convêm se ater ao que sustenta a redação da Súmula 294, que se tratando de demanda que envolva pedido de prestações sucessivas decorrentes de alteração do pactuado, a prescrição é total, exceto quando o direito à parcela esteja também assegurado por preceito de Lei.

De qualquer sorte, em se tratando de pedido de reenquadramento, a prescrição é total, contada da data do enquadramento do empregado (Súmula 275, II do TST).

Em suma, o conteúdo da prescrição total e parcial pode ser sintetizado da seguinte forma:

— As prescrições total e parcial são referentes a prestações sucessivas decorrentes de alteração do pactuado;

— Regra geral a prescrição nos casos de alteração das prestações sucessivas é a total, salvo quando a parcela seja decorrente de preceito de Lei, situação que incide a prescrição parcial.

As Súmulas que melhor direcionam o entendimento sobre os efeitos da prescrição parcial e total são as de números 326 e 327 respectivamente. Cumpre ressaltar que explicam de forma satisfatória somente os efeitos e não a natureza das parcelas. Veja a seguir:

"Tratando-se de pedido de complementação de aposentadoria oriunda de norma regulamentar e jamais paga ao ex-empregado, a prescrição aplicável é a total, começando a fluir o biênio a partir da aposentadoria."

"Tratando-se de pedido de diferença de complementação de aposentadoria oriunda de norma regulamentar, a prescrição aplicável é a parcial, não atingindo o direito de ação, mas, tão-somente, as parcelas anteriores ao qüinqüênio."

Insta elucidar os efeitos da prescrição parcial e total quando ocorridos no decorrer do contrato de trabalho, bem como, após seu término. Os efeitos da prescrição total ocorridos no decorrer do contrato de trabalho contam-se a partir da lesão, no prazo de 5 anos, não sendo atingidos pela prescrição bienal, pois o contrato não se extinguiu. Quando já encerrado o contrato de trabalho, conta-se o prazo bienal a partir da lesão, podendo reclamar os 5 anos anteriores. Já os efeitos da prescrição parcial, pouco importa se ocorrido no decorrer ou após o transcurso da relação empregatícia, pois a lesão se renova a cada mês, incidindo apenas a prescrição quinquenal, já que o direito de ação se tornaria imprescritível.

Jurisprudência:

COMPLEMENTAÇÃO DE APOSENTADORIA. PRESCRIÇÃO. EXEGESE DAS SÚMULAS NS. 326 E 327 DO TST. A diferença básica entre as Súmulas ns. 326 e 327 reside em a primeira conduzir à prescrição total do direito de ação e a segunda à parcial. A interpretação dos termos utilizados em cada uma delas conduz à conclusão de que, em se tratando de pedido de diferença na complementação de aposentadoria, isto é, acréscimo em complementação que já é paga, seja lá por que motivo, a prescrição é sempre parcial (exceto se a própria verba trabalhista que motiva o acréscimo estiver alcançada pela prescrição, nos termos da Orientação Jurisprudencial n. 156 da SDI-1 do TST). Já a prescrição total apenas tem cabimento quando se discute o próprio direito à complementação. (TRT 3ª Região. 9ª Turma. Relator Ricardo Antônio Mohallem. Data: 13.05.2009).

A prescrição quinquenal é o lapso temporal limite para se pleitear direitos trabalhistas violados, isto é, refere-se ao prazo em que o empregado pode reclamar as verbas trabalhistas que fizeram parte do seu contrato de trabalho, a contar do ajuizamento da ação. O empregado poderá reclamar os últimos 5 anos trabalhados (quinquenal), contados da propositura da demanda trabalhista.

O Tribunal Superior do Trabalho, na Súmula n. 380, incisos I e II dispõe:

"I – Respeitado o biênio subseqüente à cessação contratual, a prescrição da ação trabalhista concerne às pretensões imediatamente anteriores a cinco anos, contados da data do ajuizamento da reclamação e, não, às anteriores ao qüinqüênio da data da extinção do contrato.

II – A norma constitucional que ampliou o prazo de prescrição da ação trabalhista para 5 (cinco) anos é de aplicação imediata e não atinge pretensões já alcançadas pela prescrição bienal quando da promulgação da CF/1988."

Já a prescrição bienal refere-se ao prazo em que o empregado pode ingressar com a reclamação trabalhista após a rescisão do contrato de trabalho, a contar do ajuizamento da ação. Assim, a partir da rescisão contratual, qualquer que seja a sua causa, prescreve em 2 anos o direito de pleitear direitos relativos à relação de emprego, isto é, o empregado terá 2 anos (bienal) para ingressar com ação, a contar da cessação do contrato de trabalho. Decorrido esse prazo, o empregado nada mais poderá reclamar

a) Menor – Contra os menores de 18 anos não corre nenhum prazo de prescrição, conforme dispõe o artigo 440 da Consolidação das Leis do Trabalho.

b) Férias – O prazo prescricional começa a fluir na data em que findar o prazo de concessão das férias (período concessivo), portanto é deste momento que o direito passou a ser violado. Dali decorre 5 anos para operar-se a prescrição, ou até 2 anos após a cessação do contrato (artigo 149 da CLT). Alude a Súmula 156 do TST que "da extinção do último contrato é que começa a fluir o prazo prescricional do direito de ação objetivando a soma de períodos descontínuos de trabalho.

c) Diferença de salários – As diferenças de salários não pagas, prescrevem mensalmente, no prazo de 5 anos, contados da data em que efetivamente deveriam ter sido pagos (5º dia útil de cada mês – artigo 459, § 1º da CLT).

d) Equiparação salarial – Prescreve, enquanto durar a situação que o origina, mas as diferenças vão prescrevendo mensalmente após o decurso do prazo de 5 anos anteriores ao ajuizamento da respectiva reclamação (entendimento da Súmula 6, IX).

e) Ação de cumprimento – A ação de cumprimento de decisão normativa tem seu termo inicial do prazo prescricional a partir do trânsito em julgado da sentença normativa (Súmula 350 do TST).

f) Períodos descontínuos – O direito de ação, objetivando a soma de períodos descontínuos de trabalho, começa a fluir da extinção do último contrato e visa fixar tempo de serviço (Súmula 156 do TST).

g) Execução – A execução tem seu prazo prescricional idêntico ao ingresso de uma ação.

h) Prestações sucessivas – "Tratando-se de demanda que envolva pedido de prestações sucessivas decorrente de alteração do pactuado, a prescrição é total, exceto quando o direito à parcela esteja também assegurado por preceito de lei" (Súmula 294 do TST).

i) Prescrição bienal e quinquenal – A norma constitucional que ampliou o prazo de prescrição da ação trabalhista para 5 anos é de aplicação imediata, e assim, não atinge o que já foi alcançado pela prescrição bienal (Súmula 308, II do TST).

j) Complementação de aposentadoria – No que se refere à prescrição do direito na aposentadoria por invalidez o assunto tem provocado certa celeuma no entendimento da aplicação da prescrição. Por um lado, os que entendem que a prescrição bienal conta-se a partir do deferimento da invalidez permanente e a qüinqüenal a partir da propositura da ação. Por outro, os que dizem que durante o lapso temporal da invalidez não há de se falar em prescrição bienal, tendo em vista a suspensão do contrato de trabalho decorrente de aposentadoria por invalidez, enquanto que, por outro lado, a prescrição qüinqüenal é aplicável porque nada o impede de exercer o direito de ação, e há ainda, aqueles que adotam a prescrição vintenária.

Diante de tamanha disparidade de entendimentos, merece destaque as Súmulas 326 e 327 do TST. "Tratando-se de pedido de complementação de aposentadoria oriunda de norma regulamentar e jamais paga ao ex-empregado, a prescrição aplicável é a total, começando a fluir o biênio a partir da aposentadoria" (Súmula 326 do TST). Contudo, havendo-se de pedido de diferença de complementação de aposentadoria, também oriunda de norma regulamentar, a prescrição cabível será a prescrição parcial, não atingindo o direito de ação, mas, tão somente, as parcelas anteriores ao quinquênio (Súmula 327 do TST).

Mas a nova redação do novo texto determina a aplicação dessa prescrição.

k) Avulsos – O início da prescricional para os avulsos começará a contar a partir do cancelamento da inscrição no órgão de gestão de mão-de-obra (OGMO) ou da rescisão do vínculo empregatício com a empresa terceirizada.

r) Acidente de trabalho – Acidente do trabalho é um tema bastante polêmico em nossos julgados. Alguns juristas aplicam a prescrição trabalhista, enquanto outros a vintenária (20 anos), e há aqueles que dizem ser direitos imprescritíveis.

A alteração da competência da Justiça do Trabalho para o julgamento de ações relativas a danos decorrentes de acidente de trabalho, a partir da Emenda Constitucional 45/2004, não permite a aplicação imediata da prescrição trabalhista (de 2 anos) para ajuizamento de ação, motivo pelo qual vem sendo aplicado a prescrição quinquenal, a contar da data do acidente, observados os 2 anos da ruptura do vínculo de emprego.

Porém, algumas Turmas do TST vem adotando o prazo prescricional de 20 anos previsto no artigo 177 do Código Civil, em observância ao artigo 2028 do novo Código Civil Brasileiro, e não o previsto no ordenamento jurídico-trabalhista, consagrado no artigo 7º, XXIX, da Constituição Federal.

O posicionamento de alguns Tribunais Regionais do Trabalho alude ser direitos imprescritíveis, uma vez que se refere a natureza pessoal.

Jurisprudência:

PRESCRIÇÃO. DIREITO INTERTEMPORAL. A transferência das ações envolvendo pretensões oriundas de acidentes de trabalho decorreu de norma de competência com caráter nitidamente processual, sem qualquer referência com o direito material. A prescrição, que é tratada pelo direito substantivo, orienta-se pela data da lesão, e não em razão do ramo do Poder Judiciário afeto ao conhecimento da lide. O lapso temporal para a reparação das lesões ocorridas antes do advento da EC/45 sujeita-se ao prazo prescricional do Código Civil/16. Após o implemento da alteração constitucional, proceder-se-á a observância do prazo geral dos créditos trabalhistas, exceção feita aos casos em que ainda prevaleça a disposição do art. 177 do CC/16, em face da regra de transição do art. 2.028 do Código Civil. (TRT 2ª Região. 8ª Turma. RO01 – 00975-2006-461-02-00-3. Relator Rovirso Aparecido Boldo. Data: 03.03.2009).

s) Transferência do regime celetista para o estatutário – De acordo com a Súmula 382 do TST, a transferência do regime jurídico de celetista para estatutário resulta em extinção do contrato de trabalho, cujo prazo ocorrerá o prazo de 2 anos a partir da mudança de regime.

A decadência diz respeito a perda do direito, é a caducidade do direito. Refere-se aos direitos potestativos, que conferem ao titular o poder de influir, com sua manifestação de vontade, sobre a condição jurídica de outrem, sem o concurso da vontade deste. Estes não se manifestam contra uma prestação.

Os direitos potestativos não podem ser lesados por ninguém. Quando os direitos **potestativos** se exercitam com a necessária intervenção do Juiz, este profere uma sentença constitutiva. É possível dizer que, na decadência, mesmo tendo o direito nascido, este não se tornou efetivo pela falta de exercício, enquanto que na prescrição o direito se efetivou, foi lesado e pereceu pela falta de proteção da ação (o titular do direito violado deixa transcorrer o prazo de forma inerte).

Os prazos decadenciais no Direito do Trabalho são:

• Mandado de segurança – 120 dias da ilegalidade praticada ou abuso do poder;

• Inquérito para apuração de falta grave – 30 dias da suspensão do empregado (artigo 853 da CLT);

• Ação rescisória – 2 anos contados do dia imediatamente posterior ao trânsito em julgado da última decisão proferida, independentemente de ser de mérito ou não (artigo 485 da CLT).

No inquérito judicial para apuração de falta grave de empregado estável, em caso de ter cometido falta grave, o empregador tem 30 dias para ajuizar inquérito para apuração de falta grave. Prazo que é decadencial.

O prazo de decadência do direito do empregador de ajuizar inquérito contra o empregado que incorre em abandono de emprego é contado a partir do momento em que o empregado pretendeu seu retorno ao serviço (Súmula 62 do TST).

Prorroga-se até o primeiro dia útil, imediatamente subseqüente, o prazo decadencial para ajuizamento de ação rescisória quando expira em férias forenses, feriados, finais de semana ou em dia em que não houver expediente forense. Aplicação do art. 775 da CLT (Súmula 100, IX do TST).

De acordo com o artigo 207 do CC, a decadência não admite interrupção e nem suspensão, salvo prazo contra absolutamente incapaz (artigos 198, I e 208 do CC), e se a lei assim dispuser. A decadência pode ser aduzida em qualquer grau de jurisdição e deve o Juiz conhecer de ofício quando estabelecida por Lei (artigo 210 do CC), podendo inclusive, quando faz parte do processo, ser argüida pelo Ministério Público.

A decadência e seu respectivo prazo somente poderá ser estabelecido por Lei heterônoma estatal, contudo podem ser declaradas por meio de acordos e convenções coletivas de trabalho e regulamentos empresariais.

Jurisprudência:

A decadência para propositura de inquérito para apuração de falta grave conta-se a partir da efetiva suspensão do empregado, não importando que haja afastamento prévio, pois este não gera os mesmos efeitos. Recurso Ordinário provido. (TRT 2ª Região. 9ª Turma. RO01 – 02154-2005-313-02-00-9. Relator Davi Furtado Meirelles. Data: 30.10.2007).

INQUÉRITO JUDICIAL – PRAZO DECADENCIAL. A apresentação de Inquérito Judicial, dentro de trinta dias contados a partir da última suspensão aplicada visando apuração de falta grave, não caracteriza decadência, mormente quando as denúncias de irregularidades nos procedimentos do empregado, tenham continuado a surgir. Assim, não há que se falar em violação ao disposto no artigo 853 da CLT e Súmula n. 403 do Supremo Tribunal Federal. EMENTA. Justa causa. Servidor celetista estável. A prova da prática de crime contra a administração em geral por parte de servidor celetista estável autoriza a rescisão contratual por justa causa, principalmente quando aprovado que o recorrente, em razão da função exercida, recebia vantagens pecuniárias em troca de promessas de agilização nos processos de regularização de plantas de imóveis e de transferências de propriedade de terreno baldio. A ausência de prejuízos ao erário, não exime o servidor de culpa, pois caracterizado o crime de corrupção passiva, disciplinado no artiro 317 do Código Penal. (TRT 2ª Região. 3ª Turma. RO 01-01091-2001-361-00-00. Relator Décio Sebastião Daidone. Data: 17.01.2006).

"**Art. 47.** O empregador que mantiver empregado não registrado nos termos do art. 41 desta Consolidação ficará sujeito a multa no valor de R$ 3.000,00 (três mil reais) por empregado não registrado, acrescido de igual valor em cada reincidência.

§ 1º Especificamente quanto à infração a que se refere o *caput* deste artigo, o valor final da multa aplicada será de R$ 800,00 (oitocentos reais) por empregado não registrado, quando se tratar de microempresa ou empresa de pequeno porte.

§ 2º A infração de que trata o *caput* deste artigo constitui exceção ao critério da dupla visita." (NR)

"**Art. 47-A.** Na hipótese de não serem informados os dados a que se refere o parágrafo único do art. 41 desta Consolidação, o empregador ficará sujeito à multa de R$ 600,00 (seiscentos reais) por empregado prejudicado."

Comentário:

A punição por falta de registro, por empregado, fica em R$ 3.000,00 a ser pago pela empresa e para microempresa e empresa de pequeno porte, o valor de R$ 800,00. Outra inovação, são as anotações em carteira quando não avisados os empregados, a multa será de R$ 600,00.

A Carteira de Trabalho e Previdência Social – CTPS, emitida por órgão público, é documento obrigatório para o exercício de qualquer emprego, seja urbano ou rural e para aqueles que exercem atividade profissional remunerada, mesmo que em caráter permanente (artigo 13, CLT).

A idade mínima para emissão da CTPS é 14 anos, quando o menor poderá ser admitido como aprendiz.

As anotações feitas na CTPS relativas ao contrato de trabalho só poderão ser efetuadas pelo empregador, pelo INSS e pelas Varas do Trabalho.

É dever do empregador fazer as anotações relativas ao contrato de trabalho, data de admissão, remuneração e demais condições caracterizadoras, dentro do prazo de 48 horas. Essas anotações acabam se tornando uma forma de caracterizar o emprego e uma prova relativa (*jus tantum*) para o Direito do Trabalho.

Importante ressaltar que a falta de anotação na CTPS resultará a lavratura de auto de infração pelo auditor fiscal do trabalho que, de ofício, comunicará o órgão competente para instauração de processo administrativo.

As anotações relativas a acidente do trabalho e fins previdenciários serão efetuadas pelo INSS e as demais retificações ou anotações somente poderão ser realizadas pelas Varas do Trabalho.

Havendo localidades onde a CTPS não é emitida poderá o empregado ser admitido, até 30 dias, ficando a empresa obrigada a dispensar o empregado para que se dirija ao posto de emissão mais próximo (artigo 13, § 3º, CLT). Neste caso, caberá ao empregador fornecer ao empregado uma cópia do contrato de trabalho, fazendo as devidas anotações, retroagidas à data de admissão.

Na hipótese de o empregador se recusar a fazer as devidas anotações, ou mesmo devolver a CTPS ao empregado, este poderá fazer uma reclamação perante a Delegacia Regional do Trabalho, que notificará o empregador para que tome as devidas providências.

É vedado ao empregador efetuar anotações desabonadoras à conduta do empregado.

Não havendo mais espaço destinado ao registro e anotações na CTPS, o interessado deverá se locomover ao órgão competente para obter a segunda via de sua CTPS, a qual será conservada o número e a série anterior (artigo 21, CLT).

Jurisprudência:

ANOTAÇÃO DE DISPENSA MOTIVADA NA CTPS DE EMPREGADO. INDENIZAÇÃO POR DANOS MORAIS. CABIMENTO. O registro da justa causa como motivo ensejador da ruptura contratual na carteira de trabalho do empregado, além de configurar abuso de direito, excede o limite de informações que podem ser registradas no referido documento, sendo expressamente vedado pelo parágrafo 4º do art. 29 da CLT. Tal conduta patronal causa desnecessário constrangimento ao empregado, além de expor indevidamente seu passado funcional, prejudicando sua recolocação no mercado de trabalho, sendo patente o dano à sua imagem e à sua honra, o que é passível de reparação. (TRT 3ª Região. RO – 01191-2008-007-03-00-0. 9ª Turma. Relatora Convocada Maristela Iris da Silva Malheiros. Data: 08.07.2009).

ANOTAÇÃO DA CTPS. PRESCRIÇÃO. O parágrafo 1º do artigo 11 da CLT estabelece a imprescritibilidade do direito às ações que tenham por objeto anotações para fins de prova junto à Previdência Social. Logo, não há que se falar em prescrição quanto à pretensão do reclamante de anotação de sua CTPS com o registro do contrato de trabalho havido entre as partes. Nesse sentido já se manifestou o C. TST no exame do processo RR-422/2002-018-04-00.1 Julgamento: 12.09.2007, Relator Ministro: Carlos Alberto Reis de Paula, 3ª Turma, Publicação: DJ 11.10.2007. (TRT 3ª Região. RO – 00407-2008-055-03-00-4. 7ª Turma. Relatora Alice Monteiro de Barros. Data: 07.05.2009).

INICIAL. AUSÊNCIA DE PEDIDO. Não houve qualquer manifestação por parte do juízo de primeira instância sobre a matéria ora objurgada, agindo estritamente no limite do pedido do autor, portanto, inviável a análise, neste momento processual, do pedido de retificação da CTPS para constar com função exercida pelo autor, como de vendedor de aeronaves agrícola, sob pena de supressão de instância. Pleito não conhecido. SALÁRIO POR FORA. ANOTAÇÃO NA CTPS. ÔNUS DA PROVA. Em que pese o disposto no inciso I, do art. 40, da CLT, o valor probante dos registros em Carteira de Trabalho e dos comprovantes de pagamento não é absoluto, podendo o empregado demonstrar a inveracidade das anotações, através de contraprova capaz de desconstituí-los, sob pena de presumirem-se verdadeiras as informações contidas naqueles documentos. Nessa esteira, entendo que o reclamante não conseguiu comprovar suas alegações, razão pela qual prevalecem os dados existentes na CTPS. Recurso a que se nega provimento. (TRT 23ª Região. RO – 00665-2008-006-23-00. Relator Desembargador Osmair Couto. Data 31.10.2008).

"Art. 58. ....

....

§ 2º O tempo despendido pelo empregado desde a sua residência até a efetiva ocupação do posto de trabalho e para o seu retorno, caminhando ou por qualquer meio de transporte, inclusive o fornecido pelo empregador, não será computado na jornada de trabalho, por não ser tempo à disposição do empregador.

§ 3º (Revogado)." **(NR)**

Comentário:

A redação do parágrafo 2º, do artigo 58, extinguiu a hora *in itinere*, haja vista, não comportar mais esse instituto como um direito trabalhista.

"**Art. 58-A. Considera-se trabalho em regime de tempo parcial aquele cuja duração não exceda a trinta horas semanais, sem a possibilidade de horas suplementares semanais, ou, ainda, aquele cuja duração não exceda a vinte e seis horas semanais, com a possibilidade de acréscimo de até seis horas suplementares semanais.**

....

§ 3º As horas suplementares à duração do trabalho semanal normal serão pagas com o acréscimo de 50% (cinquenta por cento) sobre o salário-hora normal.

§ 4º Na hipótese de o contrato de trabalho em regime de tempo parcial ser estabelecido em número inferior a vinte e seis horas semanais, as horas suplementares a este quantitativo serão consideradas horas extras para fins do pagamento estipulado no § 3º, estando também limitadas a seis horas suplementares semanais.

§ 5º As horas suplementares da jornada de trabalho normal poderão ser compensadas diretamente até a semana imediatamente posterior à da sua execução, devendo ser feita a sua quitação na folha de pagamento do mês subsequente, caso não sejam compensadas.

§ 6º É facultado ao empregado contratado sob regime de tempo parcial converter um terço do período de férias a que tiver direito em abono pecuniário.

§ 7º As férias do regime de tempo parcial são regidas pelo disposto no art. 130 desta Consolidação." (NR)

Comentário:

A CLT, precisamente no artigo 58 A mudou a quantidade de hora parcial, o que era limitado a 5 horas passou a ser de 6 horas diárias. Permite a hora extra, com adicional de 50%, assim como a venda das férias, limitado a 1/3.

Jurisprudência:

TRABALHO EM REGIME PARCIAL – ART. 58-A DA CLT – DIREITO A DIFERENÇAS SALARIAIS E REFLEXOS. O regime de tempo parcial previsto no art. 58-A da CLT, com salário proporcionalmente fixado, insere-se no contexto mais geral de reestruturação produtiva, do qual emergem, no âmbito das relações de trabalho, processos e medidas dotados de crescente flexibilização, que diversificam a tutela arquetípica do sistema jurídico-laboral. Pode atender à política de emprego, como, sem controle, pode traduzir-se em pura e simples precarização do trabalho, pela supressão ou redução de direitos. Nessa esteira, insere-se na segunda hipótese a contratação de vigilante para trabalhar 4 horas mensais, como uma forma de atendimento à exigência da Polícia Federal de que a empresa de vigilância conte com no mínimo trinta empregados (consoante declaração do próprio preposto), caracterizando um meio de contornar a fiscalização da atividade (cf. Lei 7.102/83). Ainda que o art. 58-A não tenha fixado um limite mínimo para a jornada, estabelece o limite máximo de 25 horas semanais. Portanto, a semana, com seus sete dias consecutivos, é o período de tempo dentro do qual, observadas outras condições, será lícita a contratação de empregado para trabalhar em horário reduzido. Note-se que o legislador reafirmou o critério de contar-se o tempo de trabalho em função da semana ao tratar das férias, no art. 130-A da CLT. Demais disso, é indispensável que haja controle, administrativo e/ou judicial, para recusar validade à avença que se mostrar, à vista da situação concreta, abusiva e prejudicial à proteção jurídica do empregado ou desconforme ao princípio de razoabilidade. E, tratando-se de uma contratação atípica, alguma formalidade se deve exigir no plano de sua validade jurídica, impondo-se a adoção da forma escrita. Por outro lado, o tempo parcial foi, no caso, objeto de convergência do próprio reclamante, regime acolhido, genericamente, no instrumento normativo, resultado, portanto de negociação coletiva. O problema situa-se, como visto, no uso abusivo do regime de tempo. Considero solução razoável e adequada à presente controvérsia assegurar-se ao empregado o pagamento de salário correspondente a 25 horas semanais de trabalho, pois à falta de estipulação válida considera-se que esse esteve à disposição do empregador pelo menos durante tal jornada reduzida. Recurso provido para deferir ao autor as diferenças salariais e reflexos, consoante os parâmetros fixados. (TRT 3ª Região. RO – 01454-2008-011-03-00-0. Relatora: Maria Laura Franco Lima de Faria. 1ª Turma. Data: 31.07.2009).

"**Art. 59.** A duração diária do trabalho poderá ser acrescida de horas extras, em número não excedente de duas, por acordo individual, convenção coletiva ou acordo coletivo de trabalho.

§ 1º A remuneração da hora extra será, pelo menos, 50% (cinquenta por cento) superior à da hora normal.

....

§ 3º Na hipótese de rescisão do contrato de trabalho sem que tenha havido a compensação integral da jornada extraordinária, na forma dos §§ 2º e 5º deste artigo, o trabalhador terá direito ao pagamento das horas extras não compensadas, calculadas sobre o valor da remuneração na data da rescisão.

§ 4º (Revogado).

§ 5º O banco de horas de que trata o § 2º deste artigo poderá ser pactuado por acordo individual escrito, desde que a compensação ocorra no período máximo de seis meses.

§ 6º É lícito o regime de compensação de jornada estabelecido por acordo individual, tácito ou escrito, para a compensação no mesmo mês." (NR)

Comentário:

A grande novidade desse artigo é a possibilidade de banco de horas, podendo ser feito por escrito, desde que compensado em até 6 meses, diretamente entre empregados e empregadores.

Para melhor compreensão da Jornada de Trabalho, é preciso antes adentrar em conceitos distintos, que muitas vezes são usados como sinônimos. A expressão "duração de trabalho" é mais ampla do que a expressão "jornada de trabalho", que é mais restrita. "Horário de trabalho" se refere ao lapso de tempo entre o início e o término da jornada de trabalho.

Jornada de trabalho é o período diário que o empregado fica à disposição do empregador executando ou aguardando ordens (artigo 4º, *caput*, da CLT). A jornada de trabalho compreende o período de 8 horas diárias, perfazendo um total de 44 horas semanais, salvo previsão em convenções coletivas. O descanso semanal remunerado (DSR), ou "salário hebdomadário", deve ser concedido aos domingos, com duração mínima de 24 horas.

O registro da jornada de trabalho é ônus do empregador, que conta com mais de 10 empregados (artigo 74, § 2º, CLT).

O artigo 59, *caput*, da CLT, vaticina que a duração normal do trabalho poderá ser acrescida de horas suplementares, em número não excedente de 2, mediante acordo escrito entre empregador e empregado, ou mediante contrato coletivo de trabalho.

Dispõe a Constituição Federal em seu artigo 7º, nos incisos XIII e XIV, sobre a jornada de trabalho, que as jornadas maiores não podem ser instituídas, contudo, podem ser estabelecidas jornadas menores:

XIII – "Duração do trabalho normal não superior a oito horas diárias e quarenta e quatro semanais, facultada a compensação de horários e a redução da jornada, mediante acordo ou convenção coletiva de trabalho".

XIV – "Jornada de seis horas para o trabalho realizado em turnos ininterruptos de revezamento, salvo negociação coletiva."

É relevante destacar que o horário do trabalho constará num quadro organizado, conforme modelo expedido pelo Ministro do Trabalho, e afixado em lugar bem visível.

Esse quadro será discriminativo no caso de não ser o horário único para todos os empregados de uma mesma seção ou turma. Ainda o artigo 74 da CLT também alude que o ônus é do empregador em relação ao registro da jornada:

> § 1º – "O horário de trabalho será anotado em registro de empregados com a indicação de acordos ou contratos coletivos porventura celebrados."
>
> § 2º – "Para os estabelecimentos de mais de dez trabalhadores será obrigatória a anotação da hora de entrada e de saída, em registro manual, mecânico ou eletrônico, conforme instruções a serem expedidas pelo Ministério do Trabalho, devendo haver pré-assinalação do período de repouso."

De acordo com a Lei Complementar n. 123/06 artigo 51, I, as microempresas e empresas de pequeno porte são dispensadas da afixação do quadro de trabalho em suas dependências.

São três as teorias que versam sobre os critérios para cálculo da extensão da jornada de trabalho, quais sejam, a Teoria do tempo à disposição do empregador, a Teoria do tempo efetivamente trabalhado e, por último, a Teoria do tempo *in itinere*.

A Teoria do tempo à disposição do empregador, com previsão no artigo 4º da CLT, é a adotada pelo nosso sistema e diz do tempo em que o empregado está aguardando ordens a serem realizadas. Isso não quer dizer que esteja ou não trabalhando, conclui-se assim que o empregado está no ambiente laboral à disposição do empregador. Importante trazer à baila, a situação do empregado que labora nas minas de subsolo, pois nem sempre o ambiente laboral é aquele em que o trabalhador exerce suas atividades, vejamos então:

Artigo 294 da CLT – "O tempo despendido pelo empregado da boca da mina ao local do trabalho e vice-versa será computado para o efeito de pagamento do salário."

As variações de horário no registro de ponto não excedentes de cinco minutos, observado o limite máximo de dez minutos diários, não serão descontadas nem computadas como jornada extraordinária (artigo 58, § 1º da CLT). Contudo se ultrapassado esse limite, será considerada como extra a totalidade do tempo que exceder a jornada normal (Súmula 366 do TST).

A Teoria do tempo efetivamente trabalhado, como o próprio nome já diz, limita-se ao tempo em que o empregado realmente esteja em execução laboral, excluindo qualquer tempo que não esteja laborando para o empregador.

São exceções à teoria do tempo efetivamente trabalhado, isto é, tratam dos intervalos legais remunerados, quais sejam: O artigo 72 da CLT, que vaticina que nos serviços permanentes de mecanografia, a cada período de 90 minutos de trabalho consecutivos corresponderá um repouso de 10 minutos não deduzidos da duração normal de trabalho. A digitação permanente assegura um intervalo de 10 minutos a cada 50 minutos trabalhados (Portaria n. 3.214/78, NR n. 17 do Ministério do Trabalho). A Súmula 346 do TST aduz que os digitadores, por aplicação analógica do artigo 72 da CLT equiparam-se aos trabalhadores nos serviços de mecanografia.

Para os empregados que trabalham no interior das câmaras frigoríficas e para os que movimentam mercadorias do ambiente quente ou normal para o frio e vice-versa, depois de 1 hora e 40 minutos de trabalho contínuo, será assegurado um período de 20 minutos de repouso, sendo esse intervalo computado como de trabalho efetivo (artigo 253 da CLT).

Para os mineiros, em cada período de 3 horas consecutivas de trabalho, será obrigatória uma pausa de 15 minutos para repouso, a qual será computada na duração normal de trabalho efetivo (artigo 298 da CLT).

A mãe que precisa amamentar seu filho, até que este complete 6 (seis) meses de idade, terá direito, durante a jornada de trabalho, a 2 descansos especiais de meia hora (artigo 396 da CLT).

O horário normal de trabalho do empregado, durante o prazo do aviso-prévio, será reduzido de 2 horas diárias (artigo 488 da CLT).

A última teoria a ser estudada é a Teoria do tempo *in itinere*, cuja expressão quer dizer "itinerário". Deve-se entender a jornada *in itinere* como o tempo gasto pelo empregado, de sua casa até a empresa, e vice-versa. No tópico abaixo sobre horas *in itinere*, este assunto será abordado com maior abrangência.

Jurisprudência:

HORAS EXTRAS. MOTORISTA. O fato de o empregado-motorista viajar em dupla, alternando o desempenho de suas funções com outro, não afasta o pagamento de horas extras, porque o direito pátrio, por meio do artigo 4º da CLT, prestigia também a teoria do tempo à disposição no centro de trabalho e não apenas a teoria do tempo efetivamente trabalhado, sendo certo que o trabalhador, mesmo quando não está dirigindo, encontra-se à disposição do empregador. (TRT 3ª Região. RO n.: 10334. 3ª Turma. Relator: Juiz Sebastião Geraldo de Oliveira. Data: 25.09.2001).

"**Art. 59-A.** Em exceção ao disposto no art. 59 desta Consolidação, é facultado às partes, mediante acordo individual escrito, convenção coletiva ou acordo coletivo de trabalho, estabelecer horário de trabalho de doze horas seguidas por trinta e seis horas ininterruptas de descanso, observados ou indenizados os intervalos para repouso e alimentação.

Parágrafo único. A remuneração mensal pactuada pelo horário previsto no *caput* deste artigo abrange os pagamentos devidos pelo descanso semanal remunerado e pelo descanso em feriados, e serão considerados compensados os feriados e as prorrogações de trabalho noturno, quando houver, de que tratam o art. 70 e o § 5º do art. 73 desta **Consolidação**."

"**Art. 59-B.** O não atendimento das exigências legais para compensação de jornada, inclusive quando estabelecida mediante acordo tácito, não implica a repetição do pagamento das horas excedentes à jornada normal diária se não ultrapassada a duração máxima semanal, sendo devido apenas o respectivo adicional.

Parágrafo único. A prestação de horas extras habituais não descaracteriza o acordo de compensação de jornada e o banco de horas."

Comentário:

Nesse ponto houve apenas a inclusão na CLT da jornada já existente na súmula 444 do TST, que determina 12 horas de trabalho por 36 de descanso. Podendo ser feito inclusive mediante acordo individual.

"Art. 60. ....

Parágrafo único. Excetuam-se da exigência de licença prévia as jornadas de doze horas de trabalho por trinta e seis horas ininterruptas de descanso." (NR)

"Art. 61. ....

§ 1º O excesso, nos casos deste artigo, pode ser exigido independentemente de convenção coletiva ou acordo coletivo de trabalho.

...." (NR)

"Art. 62. ....

....

III – os empregados em regime de teletrabalho.

...." (NR)

Comentário:

O teletrabalho, entendido como aquele prestado na residência do empregado, não faz mais jus a hora extra. A lei não descreveu se trata-se de um trabalho manual ou intelectual, desta forma, aplica-se em todas as situações.

Insta mencionar que a limitação da jornada de trabalho decorre do direito à vida, na medida em que o excesso de horas de trabalho poderá acarretar a perda da própria vida ou causar restrições à sua qualidade. É um direito indisponível, vez que é um direito que tutela à vida, tornando-se assim um direito de interesse social, onde a vontade coletiva se impõe à vontade individual.

Apesar de contraproducente, alguns empregados estão excluídos da proteção da jornada de trabalho, conforme preceitua o artigo 62 da CLT, ou seja, estão excluídos de receberem horas extras e o respectivo adicional. É o caso dos gerentes, diretores, chefes de departamentos ou filial, justamente por possuir cargo de gestão, isto é, admitem, demitem funcionários, os advertem, os punem, dão suspensão, possuem subordinados, e para tanto, recebem um acréscimo de salário igual ou superior a 40% (Lei n. 5.859/72). Veja o dispositivo referente ao assunto:

Artigo 62, II da CLT – "Os gerentes, assim considerados os exercentes de cargos de gestão, aos quais se equiparam, para efeito do disposto neste artigo, os diretores e chefes de departamento ou filial."

Outros empregados excluídos da proteção de jornada são aqueles que exercem atividade externa incompatível com a fixação de horário de entrada e saída, como os vendedores, viajantes, pracistas, carteiros, motoristas em geral, cobradores, propagandistas, e outros. Assim, é importante observar o preenchimento de dois requisitos para a caracterização desses trabalhadores, quais sejam, a incompatibilidade de controle de horário, fazendo-se necessário que na CTPS do empregado tenha a informação da não observância de controle de horário, como também no livro ou ficha de registro desse empregado, ou caso contrário, terá direito a horas extras.

Importante lembrar que a empregada doméstica foi excluída do artigo 7º, parágrafo único, da CF por falta de tipificação legal. Portanto, não terá direito a horas extras, conforme decisão do relator Delvio Buffulin:

Jurisprudência:

Comprovado o enquadramento do reclamante na função de confiança prevista no artigo 62, II, da CLT, não há que se falar em pagamento de horas extras e horas de sobreaviso. (TRT 2ª Região. Acórdão n.: 20060995518. RO01 – 01937-2004-402-02-00. Relator: Delvio Buffulin. 12ª Turma. Data: 15.12.2006).

HORAS EXTRAORDINÁRIAS. TRABALHO EXTERNO. MOTORISTA. TACÓGRAFO. A exclusão de certos empregados do regime de jornada previsto no art. 62, inciso I, da CLT, decorre de presunção relativa, no sentido de que os trabalhadores que exercem atividades externas não estão sujeitos à fiscalização e controle de jornada. Na hipótese, o Reclamante não conseguiu comprovar que sua jornada era controlada, mesmo porque o tacógrafo, por si só, sem a existência de outros elementos probatórios, não demonstra a fiscalização da jornada de trabalho nos termos consagrados na Orientação Jurisprudencial n. 332 da SDI-1 do c. TST. Por outro lado, os controles de viagem trazidos, também não indicam que o autor permanecia em atividade durante todo o tempo entre a saída do caminhão e o retorno ao local de origem. Portanto, estando o motorista enquadrado dentre as exceções do art. 62, I, da CLT, por exercer trabalho externo e não tendo comprovado o Autor, a existência de controle da sua jornada diária, indevidas as horas extras pleiteadas. Nego provimento. HORAS DE SOBREAVISO. INDEFERIMENTO. A espera efetuada por intermédio de telefonia móvel (celular), conforme informado na inicial, não é considerado como de sobreaviso, por aplicação analógica da OJ 49 da SDI-1/TST. Desse modo, considerando que o uso de tal meio de comunicação possibilita ao trabalhador deslocar-se livremente para atender seus interesses, tal situação por si só não caracteriza tempo à disposição do empregador, como pretendido pelo ora Recorrente. Considerando que o Reclamante não comprovou que sofreu privação de assumir outros compromissos para ficar aguardando convocação do empregador pelo telefone celular, não se há falar em pagamento de horas de sobreaviso. Nego provimento. (TRT 23ª Região. RO – 00144-2008-026-23-00. Relatora Desembargadora Leila Calvo. Data: 31.03.2009).

"Art. 71. ....

....

§ 4º A não concessão ou a concessão parcial do intervalo intrajornada mínimo, para repouso e alimentação, a empregados urbanos e rurais, implica o pagamento, de natureza indenizatória, apenas do período suprimido, com acréscimo de 50% (cinquenta por cento) sobre o valor da remuneração da hora normal de trabalho.

...." (NR)

Comentário:

Grande apontamento na jurisprudência, a lei não deixa mais dúvidas, apenas será devida a hora extra do período suprimido de descanso. Ocorre que essa não é a maior mudança, note-se no texto da lei, de forma clara, o termo indenizatório, assim não haverá reflexos legais dessas horas extras, do intervalo. Reduziu e muito os valores pertinentes ao empregado.

"TÍTULO II

....

CAPÍTULO II-A

DO TELETRABALHO

'Art. 75-A. A prestação de serviços pelo empregado em regime de teletrabalho observará o disposto neste Capítulo.'

'Art. 75-B. Considera-se teletrabalho a prestação de serviços preponderantemente fora das dependências do empregador, com a utilização de tecnologias de informação e de comunicação que, por sua natureza, não se constituam como trabalho externo.

Parágrafo único. O comparecimento às dependências do empregador para a realização de atividades específicas que exijam a presença do empregado no estabelecimento não descaracteriza o regime de teletrabalho.'

'Art. 75-C. A prestação de serviços na modalidade de teletrabalho deverá constar expressamente do contrato individual de trabalho, que especificará as atividades que serão realizadas pelo empregado.

§ 1º Poderá ser realizada a alteração entre regime presencial e de teletrabalho desde que haja mútuo acordo entre as partes, registrado em aditivo contratual.

§ 2º Poderá ser realizada a alteração do regime de teletrabalho para o presencial por determinação do empregador, garantido prazo de transição mínimo de quinze dias, com correspondente registro em aditivo contratual.'

'Art. 75-D. As disposições relativas à responsabilidade pela aquisição, manutenção ou fornecimento dos equipamentos tecnológicos e da infraestrutura necessária e adequada à prestação do trabalho remoto, bem como ao reembolso de despesas arcadas pelo empregado, serão previstas em contrato escrito.

Parágrafo único. As utilidades mencionadas no *caput* deste artigo não integram a remuneração do empregado.'

'Art. 75-E. O empregador deverá instruir os empregados, de maneira expressa e ostensiva, quanto às precauções a tomar a fim de evitar doenças e acidentes de trabalho.

Parágrafo único. O empregado deverá assinar termo de responsabilidade comprometendo-se a seguir as instruções fornecidas pelo empregador.'"

Comentários:

O teletrabalho é aquele prestado na residência do empregado, mediante meios telemáticos, desta forma, somente caracteriza por essa situação, mas se o empregado, muitas vezes comparecer na empresa, não irá descaracterizar o trabalho.

Essa modalidade deve estar em contrato, podendo ocorrer sua alteração para o regime na empresa, sendo que as partes devem ser comunicadas com 15 dias de antecedência.

"Art. 134. ....

§ 1º Desde que haja concordância do empregado, as férias poderão ser usufruídas em até três períodos, sendo que um deles não poderá ser inferior a quatorze dias corridos e os demais não poderão ser inferiores a cinco dias corridos, cada um.

§ 2º (Revogado).

§ 3º É vedado o início das férias no período de dois dias que antecede feriado ou dia de repouso semanal remunerado." (NR)

Comentários:

Cumpre salientar que as férias antes poderiam ser divididas em 2 parcelas, com a reforma poderá ser dividida em 3 parcelas, sendo que uma das parcelas não poderá ser inferior a 14 dias e os demais não poderão ser inferiores a 5 dias. De forma expressa, a lei deixa claro que as férias não podem iniciar dois dias antes de feriado ou o dia do descanso semanal remunerado.

As férias foram uma conquista do trabalhador. O primeiro registro histórico de férias foi em 1889 e, posteriormente em 1890, quando instituiu-se férias aos operários da Estrada de Ferro Central do Brasil. Mais tarde, em 1925, os empregados de outras e empresas e demais atividades foram contemplados com a extensão consagrada por Lei, porém, o período de gozo era de 15 dias e não computava o adicional de 1/3. Constitucionalmente as férias são registradas a partir do ano de 1934, mas foi em 1943 que as férias foram dimensionadas com mais propriedade e unificadas as diversas leis até então vigentes, graças a Consolidação das Leis do Trabalho (CLT). O adicional especial de 1/3 foi determinado pela Constituição Federal de 1988, calculado sobre a base de cálculo das férias.

As férias é a interrupção das atividades laborais do empregado, sem a perda da remuneração mensal, e serve para que o funcionário recupere suas condições físicas e mentais despendidas no trabalho.

Após 12 meses de trabalho, a Lei confere ao empregado uma folga no contrato de trabalho, quando então adquire o direito de paralisar suas atividades, sem prejuízo da remuneração (arts. 129 a 153 da CLT), e com o tempo de serviço contado para todos os fins legais (art. 471 da CLT). O Estatuto Supremo garantiu o direito às férias anuais remuneradas ao empregado com acréscimo de 1/3 sobre a remuneração (art. 7º, XVII da CF).

Os fundamentos jurídicos do instituto das férias são: anualidade, obrigatoriedade e irrenunciabilidade.

a) Anualidade: O empregado tem o direito a gozar férias anuais após 12 meses de relação contratual sem prejuízo de salário. A expressão "anuais", não se refere ao ano civil do calendário, mas sim ao contrato de trabalho. Isto quer dizer que cada empregado pode ter o seu próprio período de aquisição de férias, com seus respectivos prazos (art. 7º, XVII, da CF e art. 129 da CLT).

b) Obrigatoriedade: Diz respeito ao empregador de conceder férias e ao direito do empregado de gozá-las em data determinada pelo superior hierárquico (art. 134 da CLT), sendo que o empregador tem a responsabilidade de efetuar o pagamento antecipado do salário correspondente ao período de férias, mais 1/3 constitucional (art. 145 da CLT), além do pagamento da primeira parcela do 13º, se for pertinente (art. 2º da Lei n. 4.749/65) e de não permitir que o empregado trabalhe no período de férias (art. 138 da CLT). Durante as férias, o empregado não poderá prestar serviços a outro empregador, salvo se estiver obrigado a fazê-lo em virtude de contrato de trabalho regularmente mantido com aquele.

c) Irrenunciabilidade: Não pode o empregado renunciar as férias ou "vendê-las", mas sim gozar em descanso o período correspondente (art. 134 da CLT). O art. 143 da CLT prevê que é facultado ao empregado converter 1/3 do período de férias a que tiver direito em abono pecuniário, no valor da remuneração que lhe seria devida. Apesar das férias ser um direito do empregado, este pode ser obrigado a gozá-las.

Após 12 meses de trabalho vigente em contrato, corresponde ao período aquisitivo de férias ao qual o empregado terá direito a descansar por 30 dias corridos (art. 130 a 130-A da CLT). Completando um ano de trabalho, novo período aquisitivo é iniciado, e assim sucessivamente durante a vigência do contrato de trabalho.

A Lei contempla a redução do período de 30 dias em caso de falta injustificada do empregado, durante o período aquisitivo, passando a ter a seguinte duração:

- 30 dias para o empregado que teve até 5 faltas durante o período aquisitivo;

- 24 dias, para o empregado que faltou de 6 a 14 vezes durante o período aquisitivo;

- 18 dias, para o empregado que faltou de 15 a 23 vezes durante o período aquisitivo; e

- 12 dias, para o empregado que faltou de 24 a 32 vezes durante o período aquisitivo.

Perderá o direito às férias o empregado que faltar injustificadamente mais de 32 vezes durante o período aquisitivo das férias.

As férias serão concedidas por ato do empregador, em data que atenda melhor seus interesses, em um só período, nos 12 meses subsequentes à data em que o empregado tiver adquirido o direito. O estudante menor de 18 anos tem o direito de poder coincidir suas férias com as férias escolares. Quando dois ou mais membros de uma mesma família fazem parte da equipe de uma mesma empresa, se assim o desejarem e desde que não haja prejuízo para o serviço, poderão requerer suas férias no mesmo período.

A concessão das férias a que tem direito o empregado, lhe será comunicada por escrito, com antecedência de no mínimo 30 dias (art. 135 da CLT). Para os menores de 18 anos e maiores de 50 anos, gozarão suas férias de uma única vez, e, aos demais empregados fora desta faixa etária, poderão gozar em até 2 períodos, desde que um deles não seja inferior a 10 dias corridos.

Caso o empregador não conceda as férias no prazo legal – período concessivo – (art. 134 da CLT), as férias serão remuneradas em dobro acrescidas de 1/3 constitucional, isto é, o empregador pagará o dobro da remuneração, além do empregado manter o direito de gozá-las (art. 137 da CLT).

O empregado poderá ajuizar reclamação trabalhista compelindo o empregador a concedê-las. Os dias de férias gozados após o período legal de concessão deverão ser remunerados em dobro (Súmula 81 do TST). A indenização pelo não-deferimento das férias no tempo oportuno será calculada com base na remuneração devida ao empregado na época da reclamação ou, se for o caso, da extinção do contrato de trabalho (Súmula 7 do TST).

Jurisprudência:

RECURSO DE REVISTA. FÉRIAS VENCIDAS. AUSÊNCIA DE CONCESSÃO. PAGAMENTO. EFEITO. A teor do art. 137 da CLT, "sempre que as férias forem concedidas após o prazo de que trata o art. 134, o empregador pagará em dobro a respectiva remuneração". Evidenciando-se o escoamento do período concessivo, sem fruição, com o pagamento das férias e percepção dos salários do mês ou meses correspondentes, impõe-se a condenação do empregador a tornar a remunerá-las, de forma simples, de vez que o deferimento do dobro, no caso, importaria em quitação tripla, excedente do comando legal.

Recurso de revista conhecido e provido. (TST. Decisão 03 12 2003. 3ª Turma. Relator Juiz Convocado Alberto Luiz Bresciani Pereira. Data: 13.02.2004).

SÚMULA 331. LEGALIDADE. A Súmula 331 do TST baseia-se nos princípios da culpa *in eligendo* e *in vigilando*. Inspira-se nas disposições do art. 159 do antigo Código Civil e apenas explicita, no âmbito trabalhista, a extensão de sua aplicabilidade. Não é inconstitucional a referida Súmula; ao contrário, sua aplicação torna efetivo o princípio constitucional inserto no art. 5º, inciso II, segundo o qual "ninguém será obrigado a fazer ou deixar de fazer alguma coisa senão em virtude de lei". (TRT 2ª Região. RO 01 – 00180-2004-401-02-00. 1ª Turma. Relator Wilson Fernandes. Data: 19.12.2006).

"TÍTULO II-A

DO DANO EXTRAPATRIMONIAL

'Art. 223-A. Aplicam-se à reparação de danos de natureza extrapatrimonial decorrentes da relação de trabalho apenas os dispositivos deste Título.'

'Art. 223-B. Causa dano de natureza extrapatrimonial a ação ou omissão que ofenda a esfera moral ou existencial da pessoa física ou jurídica, as quais são as titulares exclusivas do direito à reparação.'

'Art. 223-C. A honra, a imagem, a intimidade, a liberdade de ação, a autoestima, a sexualidade, a saúde, o lazer e a integridade física são os bens juridicamente tutelados inerentes à pessoa física.'

'Art. 223-D. A imagem, a marca, o nome, o segredo empresarial e o sigilo da correspondência são bens juridicamente tutelados inerentes à pessoa jurídica.'

'Art. 223-E. São responsáveis pelo dano extrapatrimonial todos os que tenham colaborado para a ofensa ao bem jurídico tutelado, na proporção da ação ou da omissão.'

'Art. 223-F. A reparação por danos extrapatrimoniais pode ser pedida cumulativamente com a indenização por danos materiais decorrentes do mesmo ato lesivo.

§ 1º Se houver cumulação de pedidos, o juízo, ao proferir a decisão, discriminará os valores das indenizações a título de danos patrimoniais e das reparações por danos de natureza extrapatrimonial.

§ 2º A composição das perdas e danos, assim compreendidos os lucros cessantes e os danos emergentes, não interfere na avaliação dos danos **extrapatrimoniais**.'

'Art. 223-G. Ao apreciar o pedido, o juízo considerará:

I – a natureza do bem jurídico tutelado;

II – a intensidade do sofrimento ou da humilhação;

III – a possibilidade de superação física ou psicológica;

IV – os reflexos pessoais e sociais da ação ou da omissão;

V – a extensão e a duração dos efeitos da ofensa;

VI – as condições em que ocorreu a ofensa ou o prejuízo moral;

VII – o grau de dolo ou culpa;

VIII – a ocorrência de retratação espontânea;

IX – o esforço efetivo para minimizar a ofensa;

X – o perdão, tácito ou expresso;

XI – a situação social e econômica das partes envolvidas;

XII – o grau de publicidade da ofensa.

§ 1º Se julgar procedente o pedido, o juízo fixará a indenização a ser paga, a cada um dos ofendidos, em um dos seguintes parâmetros, vedada a acumulação:

I – ofensa de natureza leve, até três vezes o último salário contratual do ofendido;

II – ofensa de natureza média, até cinco vezes o último salário contratual do ofendido;

III – ofensa de natureza grave, até vinte vezes o último salário contratual do ofendido;

IV – ofensa de natureza gravíssima, até cinquenta vezes o último salário contratual do ofendido.

§ 2º Se o ofendido for pessoa jurídica, a indenização será fixada com observância dos mesmos parâmetros estabelecidos no § 1º deste artigo, mas em relação ao salário contratual do ofensor.

§ 3º Na reincidência entre partes idênticas, o juízo poderá elevar ao dobro o valor da **indenização**.'"

Comentário:

O dano extrapatrimonial, presente nesse artigo, traz os parâmetros que deverão ser utilizados pelo Juiz, tal qual a projeção do prejuízo assim como os valores a serem delimitados, tendo por base o salário do empregado.

O que nos chama a atenção é justamente o valor da indenização que tem como base o salário do empregado, desta feita, o mesmo dano causado por uma mesma pessoa a duas outras pessoas diferentes, terão como base o seu último salário.

É devida também, a indenização por danos morais contra pessoa jurídica, no que se refere a sua imagem, conforme era determinado pelo STJ.

"**Art. 394-A.** Sem prejuízo de sua remuneração, nesta incluído o valor do adicional de insalubridade, a empregada deverá ser afastada de:

I – atividades consideradas insalubres em grau máximo, enquanto durar a gestação;

II – atividades consideradas insalubres em grau médio ou mínimo, quando apresentar atestado de saúde, emitido por médico de confiança da mulher, que recomende o afastamento durante a gestação;

III – atividades consideradas insalubres em qualquer grau, quando apresentar atestado de saúde, emitido por médico de confiança da mulher, que recomende o afastamento durante a lactação.

§ 1º ....

§ 2º Cabe à empresa pagar o adicional de insalubridade à gestante ou à lactante, efetivando-se a compensação, observado o disposto no art. 248 da Constituição Federal, por ocasião do recolhimento das contribuições incidentes sobre a folha de salários e demais rendimentos pagos ou creditados, a qualquer título, à pessoa física que lhe preste serviço.

§ 3º Quando não for possível que a gestante ou a lactante afastada nos termos do *caput* deste artigo exerça suas atividades em local salubre na empresa, a hipótese será considerada como gravidez de risco e ensejará a percepção de salário-maternidade, nos termos da Lei n. 8.213, de 24 de julho de 1991, durante todo o período de afastamento." (NR)

"Art. 396. ....

§ 1º ....

§ 2º Os horários dos descansos previstos no *caput* deste artigo deverão ser definidos em acordo individual entre a mulher e o empregador." (NR)

Comentário:

Acerca dos direitos das mulheres, a CLT sempre pautou em sua proteção. Verifica-se que houve, pela lei obreira, uma abertura de acordo entre as partes, o que se faz necessário nos dias atuais.

Após a Revolução industrial, o trabalho da mulher foi utilizado em larga escala nas indústrias, onde eram submetidas a jornadas de trabalho de até 16 horas diárias, recebendo salários que não chegavam nem à metade dos salários que eram pagos aos homens. Com isso, era mais vantajoso para o empresário, contratar mulheres.

De forma abrupta, a situação do trabalho da mulher tornou-se realmente precária, vez que além de serem submetidas a imensas jornadas de trabalho nas indústrias, ainda acumulavam a função de cuidar do lar e dos filhos.

Diante desse quadro, começaram a surgir as primeiras leis que visavam proteger o trabalho das mulheres. Inclusive a CLT mantém dispositivos que protegem o trabalho da mulher para evitar toda e qualquer forma de discriminação, além da legislação específica.

Homens e mulheres devem ter o mesmo salário, sendo vedado a distinção de salário por motivo de ser sexo feminino ou masculino. Na prática, não é o que ocorre. Vejamos o dispositivo Constitucional e Celetista acerca desse tema "Art. 7º CF – ...XXX – proibição de diferença de salários, de exercício de funções e de critério de admissão por motivo de sexo, idade, cor ou estado civil.

Art. 5º CLT – A todo trabalho de igual valor corresponderá salário igual, sem distinção de sexo".

Corroborando com esse entendimento, a CLT em seu artigo 377, prevê a possibilidade da adoção de medidas com o objetivo de proteger o mercado de trabalho das mulheres, rechaçando, de forma expressa, a possibilidade de redução de salário.

A duração da jornada de trabalho da mulher é igual a dos homens e deve-se obedecer aos ditames contidos no inciso XIII, do artigo 7º da Constituição Federal, ou seja, 8 horas diárias e 44 semanais. O artigo 372 da CLT vaticina: "Os preceitos que regulam o trabalho masculino são aplicáveis ao trabalho feminino, naquilo em que não colidirem com a proteção especial instituída por este Capítulo." Defendendo a questão, o artigo 373 da CLT, ainda declara que a duração normal de trabalho da mulher será de 8 horas diárias, exceto nos casos para os quais for fixada duração inferior.

É cabido o esclarecimento de que a prorrogação e compensação de jornada de trabalho, são as mesmas aplicadas ao trabalho do homem. O que ocorre, os artigos 374 e 375 que dispunham sobre as horas extras foram revogados pela Lei n. 7.855/89 e, ainda, o artigo 376, que limitava o direito à realização de horas extras pela mulher foi revogado pela Lei n. 10.244/01. Portanto, nada difere das horas extras laboradas pelo homem.

Outro aspecto diferencial, está no descanso semanal remunerado que deverá ser realizado preferencialmente aos domingos. No entanto, para as mulheres que trabalham aos domingos, é obrigatória a criação de uma escala de revezamento quinzenal, para que, pelo menos de 15 em 15 dias, o repouso semanal remunerado coincida com o domingo (artigo 386 da CLT).

Do mais, o intervalo entre duas jornadas deve ser de, no mínimo, 11 horas (artigo 382 da CLT), restando claro, portanto, que é o mesmo aplicado para o homem. Assim como também o intervalo para repouso e refeição das mulheres será de, no mínimo, 1 hora e, no máximo, 2 horas, excetuando a hipótese prevista no artigo 71, parágrafo 3º da CLT (artigo 383 da CLT), sendo, portanto a mesma aplicada ao homem.

Atualmente não há mais a proibição da realização do trabalho noturno pela mulher. Portanto, serão aplicadas as mesmas regras do homem, quais sejam, o período noturno é o compreendido das 22 horas até as 5 horas do dia seguinte. A hora noturna é reduzida em 52 minutos e 30 segundos e o adicional noturno será de no mínimo 20% para os trabalhadores urbanos (artigo 73 da CLT).

Um aspecto de grande relevância vem disposto no artigo 373-A da CLT, atestando sobre a proibição da exigência de atestado de gravidez ou de atestado de esterilização para fins de contratação. O referendo contido no "Art. 373-A CLT – Ressalvadas as disposições legais destinadas a corrigir as distorções que afetam o acesso da mulher ao mercado de trabalho e certas especificidades estabelecidas nos acordos trabalhistas, é vedado:

I – publicar ou fazer publicar anúncio de emprego no qual haja referência ao sexo, à idade, à cor ou situação familiar, salvo quando a natureza da atividade a ser exercida, pública e notoriamente, assim o exigir;

II – recusar emprego, promoção ou motivar a dispensa do trabalho em razão de sexo, idade, cor, situação familiar ou estado de gravidez, salvo quando a natureza da atividade seja notória e publicamente incompatível;

III – considerar o sexo, a idade, a cor ou situação familiar como variável determinante para fins de remuneração, formação profissional e oportunidades de ascensão profissional;

IV – exigir atestado ou exame, de qualquer natureza, para comprovação de esterilidade ou gravidez, na admissão ou permanência no emprego;

V – impedir o acesso ou adotar critérios subjetivos para deferimento de inscrição ou aprovação em concursos, em empresas privadas, em razão de sexo, idade, cor, situação familiar ou estado de gravidez;

VI – proceder o empregador ou preposto a revistas íntimas nas empregadas ou funcionárias."

A Lei n. 9.029/95, artigo 2º, corrobora com esse entendimento, asseverando inclusive o ato criminoso para as seguintes práticas discriminatórias: a exigência de teste, exame, perícia, laudo, atestado, declaração ou qualquer outro procedimento relativo à esterilização ou à estado de gravidez; a adoção de quaisquer medidas, de iniciativa do empregador, que configurem a indução ou instigamento à esterilização genética; e por fim, a promoção do controle de natalidade, assim não considerado o oferecimento de serviços e de aconselhamento ou planejamento familiar, realizados por meio de instituições públicas ou privadas, submetidas às normas do Sistema Único de Saúde (SUS).

Diante do acometimento dessas infrações, o empregador estará sujeito a multa administrativa de 10 vezes o valor do maior salário pago pelo empregador, elevado em 50% em caso de reincidência, assim como estará proibido de obter empréstimo ou financiamento junto a instituições financeiras oficiais.

São sujeitos ativos dos crimes de práticas discriminatórias, a pessoa física empregadora, o representante legal do empregador, como definido na legislação trabalhista e o dirigente, direto ou por delegação, de órgãos públicos e entidades das administrações públicas direta, indireta e fundacional de qualquer dos Poderes da União, dos Estados, do Distrito Federal e dos Municípios.

A opção de rescisão contratual ou readmissão é exclusivamente da empregada, não cabendo ao empregador decidir sobre tal questão.

A empregada gestante tem o direito à licença-maternidade com duração de 120 dias (artigos 7º, XVIII da CF cc 392 da CLT), ou seja, 28 dias antes e 92 dias depois do parto, totalizando os 120 dias (aproximadamente 17 semanas). Nesta mesma seara, o artigo 10 do ADCT estabelece que a empregada que se encontra em estado de gravidez tem estabilidade no emprego, não podendo ser demitida e nem ter prejudicado o seu salário, desde a confirmação de sua gravidez até cinco meses após o parto. A empregada gestante tem direito de iniciar o seu período de afastamento a partir do 28º dia antes do parto (artigo 392, § 1º, da CLT). Em face do adiamento do parto, o prazo da licença contar-se-á a partir de sua saída, que deve ser certificado mediante atestado médico. A Lei admite a prorrogação tanto do período anterior ao parto, quanto do período posterior ao parto, mediante apresentação de laudo médico por até 2 semanas cada um (§2º).

O direito à estabilidade é concedida à gestante a partir do momento da confirmação, e não da concepção, além da não exigência legal no que se refere a comunicação do estado gravídico ao empregador, restando com isso, o cabimento da Súmula 244, I, do TST que aduz que o desconhecimento do estado gravídico pelo empregador não afasta o direito ao pagamento da indenização decorrente da estabilidade (art. 10, II, "b" do ADCT). A mesma Súmula, em seu inciso III, esclarece que não há direito da empregada gestante à estabilidade provisória na hipótese de admissão mediante contrato de experiência, visto que a extinção da relação de emprego, em face do término do prazo, não constitui dispensa arbitrária ou sem justa causa.

No tocante a renúncia e a transação do direito à estabilidade, merecem tecer comentários com a OJ n. 30 da SDC: "Estabilidade da gestante. Renúncia ou transação de direitos constitucionais. Impossibilidade. Nos termos do art. 10, II, "a", do ADCT, a proteção à maternidade foi erigida à hierarquia constitucional, pois retirou do âmbito do direito potestativo do empregador a possibilidade de despedir arbitrariamente a empregada em estado gravídico. Portanto, a teor do artigo 9º da CLT, torna-se nula de pleno direito a cláusula que estabelece a possibilidade de renúncia ou transação, pela gestante, das garantias referentes à manutenção do emprego e salário."

A Súmula 244, inciso II assegura que a garantia de emprego à gestante só autoriza a reintegração se esta ocorrer durante o período de estabilidade. Do contrário, a garantia restringe-se aos salários e demais direitos correspondentes ao período de estabilidade.

É garantida à empregada, durante a gravidez, sem prejuízo do salário e demais direitos, a transferência de função, quando as condições de saúde o exigirem, assegurada a retomada da função anteriormente exercida, logo após o retorno ao trabalho, assim como a dispensa do horário de trabalho pelo tempo necessário para a realização de, no mínimo, 6 consultas médicas e demais exames complementares (artigo 392, § 4º, incisos I e II da CLT).

Os períodos de repouso, antes e depois do parto, poderão ser aumentados de duas semanas cada um, mediante apresentação de atestado médico.

Em relação ao salário da mulher no período de afastamento, assim dispõe o artigo 393 da CLT: "Durante o período a que se refere o art. 392, a mulher terá direito ao salário integral e, quando variável, calculado de acordo com a média dos 6 (seis) últimos meses de trabalho, bem como aos direitos e vantagens adquiridos, sendo-lhe ainda facultado reverter à função que anteriormente ocupava."

O salário-maternidade corresponde ao salário integral da empregada, sendo a doméstica e a avulsa, pago diretamente pelo INSS, e nas demais hipóteses, pelo empregador (Lei n. 8.231/91 artigo 72, §1º).

É possível rescindir o contrato de trabalho, mediante atividade que possam ser prejudiciais à gestação sendo atestado por meio de laudo médico, tendo em vista o que preceitua o artigo 394 da CLT. Neste caso, a mulher está dispensada do aviso-prévio.

Para as empresas que aderiram ao Programa Empresa Cidadã, poderão prorrogar por 60 dias a duração da licença-maternidade da empregada, ou da empregada que adotar uma criança ou a que obtiver a guarda judicial com o intuito de adoção. Durante o período de prorrogação da licença-maternidade, a empregada terá direito à sua remuneração integral, nos mesmos moldes devidos no período de percepção do salário-maternidade pago pelo regime geral de previdência social. No período de prorrogação da licença-maternidade, a empregada não poderá exercer qualquer atividade remunerada e a criança não poderá ser mantida em creche ou organização similar. Em caso de descumprimento do disposto no *caput* deste artigo, a empregada perderá o direito à prorrogação (Lei n. 11.770/08, parágrafo único).

A mulher que adotar ou obtiver guarda judicial para fins de adoção de criança terá direito de gozar licença-maternidade, artigo 392-A da CLT, sendo, contudo necessário a apresentação do termo judicial de guarda à adotante ou guardiã (392-A, §4º, da CLT).

Nas hipóteses de aborto não criminoso, comprovado por atestado médico, a mulher terá direito ao gozo de repouso remunerado de 2 semanas (artigo 395 da CLT).

"**Art. 442-B.** A contratação do autônomo, cumpridas por este todas as formalidades legais, com ou sem exclusividade, de forma contínua ou não, afasta a qualidade de empregado prevista no art. 3º desta Consolidação."

Comentário:

O autônomo assim entendido é aquele que tem a parassubordinação, ou seja, conduz o trabalho da melhor forma que aprouver.

O profissional autônomo é sinônimo de independência, relativa a um certo grau de liberdade, porém com limites. É se auto-governar, é a pessoa física que exerce, habitualmente e por conta própria, atividade profissional remunerada prestando serviço de caráter eventual a uma ou mais empresas, sem relação de emprego e assumindo o risco de sua atividade. Este trabalhador caracteriza-se, portanto, pela autonomia da prestação de serviços a uma ou mais empresas, sem relação de emprego, ou seja, por conta própria, mediante remuneração, com fins lucrativos ou não. (Lei n. 8.212/91, artigo 12, inciso V, alínea "h").

O autônomo não é empregado. Para o trabalhador autônomo aplica-se Lei especial, Código Civil e ainda o Código de Defesa do Consumidor (CDC), portanto não se aplica a CLT.

Importante destacar que a diferença entre o autônomo e o empregado está na subordinação. O empregado é totalmente subordinado, jurídica e economicamente, enquanto o autônomo é independente, não está de nenhuma forma subordinado à figura do empregador, tem total liberdade para executar o trabalho durante o tempo que achar necessário, podendo começar e parar a qualquer momento, além de poder se fazer substituir.

Distingue-se o autônomo do eventual, vez que o autônomo presta serviços com habitualidade, enquanto que o eventual presta serviços ocasionalmente ao tomador de serviço.

Cabe salientar que o autônomo tem direito de receber apenas as comissões sobre suas vendas, contudo, se receber comissão mais um salário fixo (independente do valor), será considerado empregado convencional.

São exemplos de autônomo: o advogado, eletricista, chaveiro, médico, vendedor, representante comercial, arquiteto, engenheiro, marceneiro, encanador, entre outros. São profissionais que não trabalham como empregados, mas sim com independência e sem subordinação.

Quando a autonomia é desvirtuada, a jurisprudência tem reconhecido o vínculo.

Jurisprudência:

RECONHECIMENTO DO VÍNCULO EMPREGATÍCIO – SUBORDINAÇÃO. Ainda que não se prove a sujeição do reclamante a ordens da reclamada, pode-se afirmar, com suporte na doutrina trabalhista mais autorizada, que o só fato de estar desempenhando funções relacionadas à atividade-fim da empresa é suficiente para o reconhecimento do vínculo de emprego, pois, nessas condições, o fenômeno da subordinação atua é sobre o modo de realização da prestação (teoria objetiva) e não sobre o estado de sujeição do trabalhador (visão subjetiva), eis que existe uma limitação de autonomia de vontade do trabalhador, em face da transferência ao empregador do poder de direção sobre a atividade desempenhada, mediante salário. Nesse sentido, manifesta-se Tarso Fernando Genro, de forma lapidar, em sua obra Direito Individual do Trabalho, 2ª ed., pela LTr: "A subordinação não é sempre obediência a ordens no sentido comum do vocábulo. Ela pode ser a inserção do prestador num sistema coordenado, em função dos interesses do empregador, no qual os atos de trabalho não são atos de escolha, mas atos de integração no processo produtivo ou nos serviços exigidos pelas finalidades essenciais da empresa. A subordinação jurídica opõe-se à autonomia jurídica, que significa a possibilidade de o trabalhador autônomo optar, não só pela forma de prestação que lhe aprouver, como também significa que os atos de trabalho deste não são ordinariamente necessários ao cumprimento das finalidades da empresa, nem se inserem num sistema coordenado que, por si só, subordina o prestador, independentemente de sua vontade". (TRT 3ª Região. 1ª Turma. RO – 01480-2007-043-03-00-2. Relatora Deoclécia Amorelli Dias. Data 11.07.2008).

"**Art. 443**. O contrato individual de trabalho poderá ser acordado tácita ou expressamente, verbalmente ou por escrito, por prazo determinado ou indeterminado, ou para prestação de trabalho intermitente.

....

§ 3º Considera-se como intermitente o contrato de trabalho no qual a prestação de serviços, com subordinação, não é contínua, ocorrendo com alternância de períodos de prestação de serviços e de inatividade, determinados em horas, dias ou meses, independentemente do tipo de atividade do empregado e do empregador, exceto para os aeronautas, regidos por legislação própria." (NR)

Comentário:

Abaixo será abordado o tema acerca de trabalho intermitente.

A CLT define contrato de trabalho em seu artigo 442, *caput*: "contrato individual de trabalho é o acordo tácito ou expresso, correspondente à relação de emprego."

É o acordo no qual as partes ajustam direitos e obrigações recíprocas, onde uma pessoa física (empregado) se compromete a prestar pessoalmente serviços subordinados, não eventuais a outrem (empregador), mediante o pagamento de salário.

O contrato de trabalho é um ato jurídico, tácito ou expresso que cria a relação de emprego, gerando, desde o momento de sua celebração, direitos e obrigações para ambas as partes. Nele, o empregado presta serviços subordinados mediante salário.

As teorias contratualista e anticontratualista procuram explicar a natureza jurídica do contrato de trabalho.

A teoria contratualista considera a relação entre empregado e empregador um contrato porque decorre de um acordo de vontade entre as partes, devendo este ser escrito. Por outro lado, a teoria anticontratualista entende que o empregador é uma instituição na qual há uma situação estatutária e não contratual, onde as condições de trabalho demonstram uma subordinação do empregado pelo empregador, podendo ser este um acordo verbal.

No Brasil adotamos a teoria mista, intermediária, que determina que o contrato de trabalho tem natureza contratual, podendo portanto tanto ser escrito como verbal (artigo 442, *caput*, CLT).

A Doutrina classifica o contrato de trabalho como um negócio jurídico de direito privado, expresso ou tácito, pelo qual uma pessoa física (empregado) presta serviços continuados e subordinados a outra pessoa física ou jurídica (empregador) percebendo para tanto salário. O contrato de trabalho é um negócio jurídico bilateral, sinalagmático, oneroso, comutativo, de trato sucessivo, já que não se completa com um único ato, e que se estabelece entre empregador e o empregado, relativo às condições de trabalho. Resumindo, são características do contrato de trabalho: oriundo do direito privado, consensual, sinalagmático, comutativo, de trato sucessivo, oneroso, subordinativo.

• Oriundo do direito privado uma vez que as partes, empregado e empregador, pactuam seus próprios regulamentos, contudo são limitados à legislação trabalhista.

• É um contrato consensual e não solene, pois a lei não exige forma especial para sua validade, bastando o simples consentimento das partes (artigo 443, CLT).

• É um negócio jurídico sinalagmático (convenção, pacto, contrato) e bilateral uma vez que cada uma das partes se obriga a uma prestação. Por resultar em obrigações contrárias e equivalentes a parte que não cumprir sua obrigação, não tem o direito de reclamar.

• É comutativo uma vez que de um lado há a prestação de trabalho e do outro lado há a contraprestação dos serviços.

• É considerado de trato sucessivo, pois não se exaure em uma única prestação.

• Oneroso uma vez que o objeto do contrato é a prestação de serviços mediante salário de mês a mês as obrigações se repetem.

• Classifica-se como subordinativo por o empregado se subordinar as ordens do empregador.

O que caracteriza o contrato de trabalho, ou seja, o que é capaz de diferenciar este contrato dos demais, é a dependência ou subordinação do empregado ao empregador (subordinação técnica, social, econômica e jurídica). A subordinação jurídica é a que predomina na doutrina, uma vez que o empregado cumpre as ordens do empregador. Isso ocorre em razão da relação contratual laboral.

> Jurisprudência:
>
> DANOS MORAIS E MATERIAIS. PEDIDO INDENIZATÓRIO FULCRADO NA DECLARAÇÃO DA NULIDADE DO CONTRATO DE TRABALHO (CF, ARTIGO 37, II). INDEFERIMENTO. INEXISTÊNCIA DE PREJUÍZO. O contrato de trabalho é fundamentalmente um acordo de vontades, de onde resulta seu caráter sinalagmático (CLT, artigo 442). Por esse raciocínio, não há como entender que o contrato de trabalho mantido entre o trabalhador e o ente público, declarado judicialmente nulo por ausência de prévia submissão a concurso público (CF, artigo 37, § 2º), tenha sido um ato unilateral da administração pública, de forma a imputar-se eventual responsabilidade da contratação apenas a esta. Ambas as partes pactuaram um contrato em desatenção ao mandamento constitucional (artigo 37, II) e não há como concluir que o ente público tenha que indenizar o trabalhador, se este também participou da ilicitude e ainda se beneficiou em detrimento dos demais cidadãos, em razão da inexistência de concorrência legal e justa. Portanto, a declaração de improcedência dos pedidos trabalhistas formulados em razão da contratação irregular não gera direito de indenização por danos morais e materiais. Recurso improvido por unanimidade. (TRT 24ª Região. RO – 683-2005-021-24-08. Turma: TP – Tribunal Pleno. Relator João de Deus Gomes de Souza. Data: 26.01.2006).

Atualmente a responsabilidade do empregador não se limita somente ao período da contratação, sendo possível ao empregado pleitear perante a Justiça do Trabalho danos morais e materiais.

O contrato de trabalho deve criar uma confiança entre as partes (princípio da boa-fé dos contratos), motivo pelo qual precisa ser reconhecida a responsabilidade daquele que desiste da concretização do negocio jurídico.

Em afronta ao princípio da dignidade da pessoa humana e com a discriminação em entrevista de emprego, é possível pleitear na Justiça do Trabalho eventual dano moral.

Ainda, os danos emergentes e os lucros cessantes também podem ser angariados diante da falsa proposta de emprego, pois muitas vezes o trabalhador recusa outras propostas, ou ainda, pede demissão do atual emprego em detrimento da promessa de emprego.

> Jurisprudência:
>
> RESPONSABILIADE PRÉ-CONTRATUAL. INDENIZAÇÃO INDEVIDA. A responsabilidade civil do empregador não está limitada ao período contratual, podendo alcançar também a fase pré-contratual. É que a seriedade nas negociações preliminares cria uma confiança entre as partes, possibilitando que se reconheça a responsabilidade daquele cuja desistência na concretização do negócio ensejou prejuízos a outrem, ante a existência de uma convicção razoável em torno do cumprimento das obrigações inerentes ao contrato. Todavia, não havendo provas de que a reclamada tenha garantido a contratação do reclamante, e não demonstrados os prejuízos por ele suportados enquanto aguardava ser convocado para iniciar suas atividades, não há falar em pagamento da indenização vindicada. (TRT 3ª Região. RO – 00235-2006-055-03-00-7. 1ª Turma. Relator Rogério Valle Ferreira. Data: 04.08.2006).
>
> DANOS MORAIS. RESPONSABILIDADE PRÉ-CONTRATUAL. A indenização por dano moral repousa na teoria subjetiva da responsabilidade civil, cujo postulado básico estriba-se no conceito de culpa, e esta, fundamentalmente, tem por pressuposto a infração de uma norma preestabelecida, revelando-se necessário, ainda, que a conduta do agente venha a atingir, efetivamente, algum dos bens elencados no artigo 5º, X da CF/88, quais sejam, a intimidade, vida privada, honra e imagem. Todas essas ponderações acerca dos pressupostos da responsabilidade civil pelos danos causados na fase contratual também são aplicáveis ao dano pré-contratual, correspondente às despesas e prejuízos que a parte suportou em decorrência da frustração injustificada da formação do contrato de trabalho, bastando fique comprovada a violação dos deveres de lealdade, proteção e informação pela empresa para com o futuro empregado, além do princípio da boa-fé objetiva que incide no campo obrigacional. Na hipótese, não restando demonstrada a má-fé da empresa na promessa de contratação frustrada, bem assim que tenha a autora deixado de aceitar outra proposta de emprego em razão da promessa de contratação havida, ou, ainda, que tal expectativa tivesse alterado substancialmente sua rotina e de sua família, a ponto de causar-lhe prejuízo de ordem moral capaz de ensejar a respectiva indenização, tenho por não comprovado o resultado lesivo, não havendo falar em indenização por danos morais. (TRT 23ª Região. RO – 00049-2008-006-23-00. Relator Desembargador Roberto Benatar. Data: 30.09.2008).

Os sujeitos do contrato de trabalho são as pessoas físicas, naturais ou jurídicas que possam ser contratadas. Estabelece a CLT que são sujeitos do contrato de trabalho o empregado e o empregador (artigos 2º e 3º da CLT).

O empregador tem o dever de assumir os riscos da atividade econômica, admitindo, dirigindo e assalariando aquele que lhe presta os serviços.

O profissional liberal, a instituição de beneficência, as associações recreativas e outras instituições sem fins lucrativos que contratem trabalhadores como empregados são equiparados por lei ao empregador.

A família e a massa falida, mesmo sem personalidade jurídica, podem assumir as condições de empregador.

Jurisprudência:

RESPONSABILIDADE CIVIL DO EMPREGADOR – DANOS MORAIS – REPARAÇÃO DE VIDA. Empregado e empregador, como sujeitos do contrato de trabalho, devem pautar suas relações pelo respeito recíproco. O tratamento humilhante dispensado por gerente da empresa à empregada, que era chamada de "burra" na frente de seus colegas de trabalho, caracteriza grave ofensa moral. O dano, neste caso, é deduzido do próprio insulto, bastando o implemento do ato ilícito para criar a presunção dos efeitos negativos na órbita subjetiva da vítima. O empregador deve arcar com a reparação moral devida à obreira tendo em vista ser legalmente responsável por atos de seus prepostos, praticados no exercício do trabalho que lhes competir ou em razão dele (artigos 932, inciso III, e 933 do Código Civil). Não se pode olvidar, ainda, que a empresa permitiu que a obreira fosse humilhada em seu ambiente de trabalho, sem tomar qualquer providência, configurando-se, assim, uma omissão culposa. Presentes todos os pressupostos para a responsabilização da Ré, a decisão monocrática que a condenou ao pagamento de indenização por danos morais merece ser confirmada. (TRT 3ª Região. RO – 00343-2007-006-03-00-0. 8ª Turma. Relator Márcio Ribeiro do Valle. Data: 10.11.2007).

Como todo negócio jurídico, o contrato de trabalho deve respeitar as condições previstas no artigo 104 do Código Civil brasileiro que exige agente capaz, objeto lícito e possível, determinado ou indeterminado e forma prescrita ou não defesa em lei. Será considerado nulo o ato jurídico quando for ilícito ou impossível seu objeto (artigo 166, II, CC).

São requisitos necessários para a formação do contrato de trabalho:

- capacidade dos contratantes;

- manifestação de vontade;

- objeto lícito;

- forma prescrita em lei.

No que se refere à capacidade dos contratantes, o Direito do Trabalho veda qualquer trabalho ao menor de 16 anos, salvo na condição de aprendiz, mas somente a partir dos 14 anos (CF, artigo 7º, XXXIII). Para o direito do trabalho, o menor entre 16 e 18 anos é considerado relativamente capaz. A capacidade absoluta só se adquire aos 18 anos (artigo 402 da CLT). Portanto, é proibido o contrato de trabalho com menor de 16 anos, porém, caso ocorra a prestação de serviço, este produzirá efeitos. De acordo com o artigo 439 da CLT é lícito ao menor firmar recibo pelo pagamento dos salários. Tratando-se, porém, de rescisão do contrato de trabalho, é vedado ao menor de 18 (dezoito) anos dar, sem assistência dos seus responsáveis legais, quitação ao empregador pelo recebimento da indenização que lhe for devida.

A contratação de servidor público, quando não aprovado em concurso público, deve obedecer às determinações do artigo 37, II, § 2º, que lhe confere o direito ao pagamento da contraprestação em relação ao número de horas trabalhadas.

Os contratantes devem manifestar livremente sua vontade, devendo estar livres dos vícios que possam fraudar a lei ou prejudicar as partes contratadas tais como o erro, a má-fé, a coação, a simulação e a fraude. Os vícios praticados sem dolo não fraudam a lei, o contrário sim.

Desde que não contrariem as normas legais pertinentes, insta mencionar que as cláusulas constantes do contrato de trabalho são de livre estipulação das partes.

Em relação ao objeto lícito, a atividade desenvolvida deve ser lícita, permitida por lei, aceita pelo Direito.

A forma prescrita em lei reza que o contrato deve ser escrito ou verbal, salvo os casos previstos em lei que exigem a forma escrita.

Para elucidar, ressalta-se alguns contratos que exigem forma escrita na lei: o contrato temporário (Lei n. 6.019/74, artigo 11), contratos por prazo determinado (artigo 443 da CLT), contrato de aprendizagem (artigo 428 da CLT), contrato em regime de tempo parcial (artigo 58-A, §2º da CLT), trabalho voluntário (Lei n. 9.608/98, artigo 2º) e outros.

De acordo com o artigo 443, da CLT, os contratos de trabalho podem ser celebrados por tempo determinado ou indeterminado. Assim, no contrato por tempo determinado, antecipadamente as partes ajustam seu termo. No contrato por tempo indeterminado não há prazo para a terminação do pacto laboral.

> Jurisprudência:
>
> CONTRATO DE TRABALHO. BENEFÍCIOS. PROMESSA VERBAL. O artigo 427 do Código Civil é claro em estabelecer que "a proposta de contrato obriga o proponente, se o contrário não resultar dos termos dela, da natureza do negócio, ou das circunstâncias do caso". Verifica-se, pois, que toda proposta tem força obrigacional, pois, aquele que promete, obriga-se pelos termos da promessa efetuada inserida nas linhas estruturais do negócio. Especificamente nos pactos trabalhistas, cumpre ressaltar que o fato de o ajuste eventualmente ser verbal, em nada altera o referido entendimento, haja vista que, nos termos do artigo 443 da CLT, "o contrato individual de trabalho poderá ser acordado tácita ou expressamente, verbalmente ou por escrito (...)". Por assim ser, evidenciado nos autos que a Reclamada formulou uma promessa verbal ao Reclamante, comprometendo-se a ressarcir os gastos com alimentação e transporte, aquela se converteu em um adendo benéfico ao contrato de trabalho, sendo o suficiente para obrigar a proponente a cumpri-la. Contudo, se a Ré assim não procedeu, correta se mostra a decisão primeira que determinou o ressarcimento das despesas suportadas pelo

Obreiro. (TRT 3ª Região. RO – 00064-2009-075-03-00-3. 8ª Turma. Relator Márcio Ribeiro do Valle. Data: 20.07.2009).

Para melhor entendermos os requisitos do contrato de trabalho devemos levar em consideração as definições encontradas nos artigos 2º e 3º da CLT:

"Artigo 2º: Considera-se empregador a empresa, individual ou coletiva, que assumindo os riscos da atividade econômica, admite, assalaria e dirige a prestação pessoal de serviços."

"Artigo 3º: Considera-se empregado toda pessoa física que prestar serviços de natureza não eventual a empregador, sob a dependência deste e mediante salário.

Parágrafo único: Não haverá distinções relativas à espécie de emprego e à condição de trabalhador, nem entre o trabalho intelectual, técnico e manual."

Dentro dessas definições podemos considerar os seguintes requisitos do contrato de trabalho:

Continuidade: por ser um ajuste de vontade, o contrato de trabalho deve ser prestado de forma contínua, não eventual;

Onerosidade: deve ser prestado de forma onerosa, mediante o pagamento de salários, pois o trabalhador deverá receber pelos serviços prestados;

Pessoalidade: o empregado deverá ser pessoa física ou natural e não poderá ser substituído por outra pessoa (*intuitu personae*);

Alteridade: o empregador assume qualquer risco, pois a natureza do contrato é de atividade e não de resultado;

Subordinação: existe uma relação hierárquica entre empregado e empregador.

Jurisprudência:

SALÁRIO MARGINAL. PROVA. EXISTÊNCIA. Compete ao autor, por ser fato extraordinário e constitutivo do seu direito, demonstrar de forma cabal e inconteste de dúvidas, o pagamento de salário a latere, ex vi art. 818 da CLT, c/c art. 333, I, do CPC. Conseguindo o demandante produzir provas no sentido do alegado, imperioso se torna deferir-lhe o pleito de pagamento de salário 'por fora' com os reflexos legais, vez que logrou êxito em se desvencilhar do ônus probante que contra si pesava. PRINCÍPIO DA ALTERIDADE. RISCOS DA ATIVIDADE ECONÔMICA. Na seara trabalhista, os inúmeros e prováveis insucessos da atividade econômica devem ser suportados exclusivamente pelo empregador, não podendo este repassá-los aos seus empregados, na forma do previsto no art. 2º, da CLT. Se o trabalhador não participa da distribuição dos lucros, não pode responder pelos prejuízos. (TRT 23ª Região. RO – 01101-2003-003-23-00. Relator Juiz Osmar Couto. Data: 31.01.2006).

RELAÇÃO DE EMPREGO – ELEMENTOS CONSTITUTIVOS – INDISPENSABILIDADE DA PRESENÇA DO CLÁSSICO ELEMENTO DA SUBORDINAÇÃO JURÍDICA. Em se tratando da relação jurídica de emprego, é imprescindível a conjugação dos fatos: pessoalidade do prestador de serviços; trabalho não eventual; onerosidade da prestação; e subordinação jurídica. Portanto, apenas o somatório destes requisitos é que representará o fato constitutivo complexo do vínculo de emprego, que deve ser provado por quem invoca o direito. A adotar-se o difuso e etéreo conceito de "subordinação estrutural" será possível o reconhecimento de vínculo de emprego em qualquer situação fática submetida a esta Justiça, simplesmente porque não há, no mundo real das relações econômicas, qualquer atividade humana que não se entrelace ou se encadeie com o objetivo final de qualquer empreendimento, seja ele produtivo ou não. Para fins de aferir a existência de relação de emprego, ainda prevalece a clássica noção de subordinação, na sua tríplice vertente: jurídica, técnica e econômica. Ao largo dessa clássica subordinação, nada mais existe a não ser puro diletantismo ou devaneio acadêmico, máxime na realidade contemporânea onde a tendência irrefreável da história é a consagração do trabalho livre e competitivo. (TRT 3ª Região. RO – 00824-2008-070-03-00-0. 9ª Turma. Relator Convocado João Bosco Pinto Lara. Data: 06.05.2009).

COZINHEIRA. VÍNCULO DE EMPREGO. As declarações da própria autora desautorizam o reconhecimento do vínculo de emprego, contornando a seguinte realidade fática: exercia atividade autônoma de produção e comercialização de refeições para empregados e não-empregados da fazenda de propriedade do reclamado, a partir da utilização de mantimentos custeados pelo seu esposo, este sim empregado do réu. Além de refeições, a autora também comercializava roupas para auferir renda. Ausentes os requisitos ensejadores de uma autêntica relação de emprego, quais sejam: subordinação jurídica, onerosidade, não-eventualidade e pessoalidade, estes últimos pelas viagens confessadamente empreendidas pela autora com duração de uma semana. Nega-se provimento. (TRT 24ª Região. RO – 273-2006-071-24-04. Turma: TP – Tribunal Pleno. Relator Ricardo G. M. Zandona. Data: 18.07.2007).

O Contrato de trabalho pode ser classificado quanto à forma: tácito ou expresso, escrito ou verbal (artigos 442 e 443 CLT), e quanto a sua duração (determinado e indeterminado).

Quanto à forma ele será tácito quando a manifestação de vontade decorrer de um comportamento que indique a relação de emprego, caracterizada pela existência de emprego. Será tácito quando não houver palavras escritas ou verbais.

O contrato também poderá ser expresso de forma escrita ou verbal, hipótese em que existe um contrato ou a manifestação verbal.

De acordo com o artigo 29 da CLT independentemente da forma de contrato de trabalho, este sempre deverá ser anotado na CTPS.

Quanto à sua duração, o contrato poderá ser por prazo determinado ou indeterminado fato que não muda sua natureza jurídica, pois ambos são regidos pelas leis trabalhistas, o que muda é a estipulação do prazo.

Será por prazo determinado quando seu término estiver previsto no momento da celebração, quando os contratantes expressam e previamente limitam sua duração, determinando o seu fim mediante termo ou condição. Neste caso, o término do contrato pode ocorrer com data certa ou data aproximada da conclusão dos serviços.

Por prazo indeterminado é a forma mais utilizada pelas empresas, pois nele as partes, ao celebrá-lo, não estipulam a sua duração e nem prefixam o seu termo extintivo. A indeterminação da duração é uma característica peculiar do princípio da continuidade.

Ademais o artigo 443, § 2º, da CLT estabelece as hipóteses admitidas do contrato de trabalho por tempo determinado:

– Transitoriedade do serviço do empregado. Exemplo: implantação de sistema de informática.

– Transitoriedade da atividade do empregador. Exemplo: época da Páscoa, vender panetone no Natal.

– Contrato de experiência.

Jurisprudência:
CONTRATO DE EXPERIÊNCIA – OCORRÊNCIA DE ACIDENTE DO TRABALHO NO SEU CURSO – DIREITO À ESTABILIDADE PROVISÓRIA – INEXISTÊNCIA. Como modalidade de contrato por prazo determinado, o contrato de experiência extingue-se naturalmente pelo decurso do prazo previamente ajustado entre as partes, se não há cláusula de prorrogação automática, sendo, portanto, pela sua própria natureza, incompatível com qualquer espécie de estabilidade provisória no emprego, inclusive com aquela prevista no art. 118 da Lei 8.213/91. O instituto da estabilidade provisória aplica-se aos contratos por prazo indeterminado e somente terá aplicação no contrato a termo, quando da ocorrência de acidente do trabalho no seu curso, se assim for acordado previamente pelas partes, por aplicação analógica do art. 472, §2o, da CLT. (TRT 3ª Região. RO – 00982-2008-103-03-00-6. 7ª Turma. Relator Paulo Roberto de Castro. Data: 14.05.2009).

O contrato de trabalho por prazo determinado será convertido em prazo indeterminado de acordo com as hipóteses abaixo:

a) Estipulação de prazo maior do que o previsto em lei (2 anos) – (Lei n. 9.601/98) ou 90 dias;

b) Estipulação do contrato por prazo determinado fora das hipóteses previstas no § 2º, do artigo 443, CLT:

I – Serviços de natureza ou transitoriedade justifiquem a predeterminação de prazo;

II – Atividades empresariais de caráter transitório; e

III – contrato de experiência;

c) Se houver mais de uma prorrogação, o contrato vigorará sem prazo. O contrato de trabalho por prazo determinado que for prorrogado mais de uma vez passará a vigorar sem determinação de prazo (artigo 451, CLT);

d) Sucessão – para celebrar um novo contrato por prazo determinado com um mesmo empregado, é necessário respeitar o interregno de 6 meses para o novo pacto contratual.

e) Cláusula de rescisão contratual antecipada – uma vez ocorrida a rescisão antecipada do contrato, vigorarão as normas concernentes ao contrato de trabalho por prazo indeterminado.

Jurisprudência:

DESCARACTERIZAÇÃO DO CONTRATO POR PRAZO DETERMINADO – MODALIDADE POR OBRA CERTA – Evidenciada a existência de diversos contratos celebrados por obra certa e por prazo determinado, percebe-se que as reclamadas têm necessidade permanente de mão de obra, tanto que chegou a contratar o empregado por reiteradas vezes em curtos intervalos e em períodos até mesmo consecutivos, sem solução de continuidade. E se o pressuposto objetivo do contrato não é mais o trabalho específico do empregado em obra certa, podendo o trabalhador ser deslocado de uma obra para outra, também por este motivo deve-se entender que a contratação se deu por prazo indeterminado. Na ocorrência desses casos, deve-se entender que o ajuste é de prazo indeterminado, pois o contrato de obra certa de que cogita a Lei n. 23.956/56 pressupõe a realização de obra ou serviço certo como fator determinante da pré-fixação do prazo contratual. A transitoriedade, se existente, se dava em relação às empresas tomadoras dos serviços da reclamada e não em relação aos empregados da prestadora dos serviços. (TRT 3ª Região. RO – 00623-2008-144-03-00-4. 10ª Turma. Relatora Convocada Taísa Maria Macena de Lima. Data: 23.04.2009).

O contrato de trabalho por tempo determinado é aquele cuja vigência se dará por tempo certo. Este prazo poderá ser uma data determinada, a realização de certos serviços ou um fato futuro que tenha uma duração aproximada (artigo 443, § 1º, CLT).

O artigo 443, § 2º, da CLT estabelece as hipóteses admitidas do contrato de trabalho por tempo determinado.

Cita-se como exemplo de transitoriedade do serviço do empregado, os serviços, cuja natureza ou transitoriedade, justifiquem a predeterminação do prazo, e a safra agrícola que não justifica o trabalho do empregado fora dessas épocas.

A atividade transitória pode ser da própria empresa e estará ligada a um serviço específico, como no caso do Comitê Eleitoral. Nesta hipótese, não existe nenhum propósito em dar continuidade ao trabalho fora daquele período.

Os contratos de experiência poderão ser fixados no máximo por 90 dias (artigo 445, CLT), sendo permitida uma única prorrogação (artigo 451, CLT). Havendo prorrogação, esta não poderá exceder de 2 anos, e para os contrato de experiência não poderá exceder a 90 dias, sob pena de se tornarem indeterminado.

O contrato de experiência é um contrato por prazo determinado cuja duração é reduzida, possibilitando ao empregador, verificar as aptidões técnicas do empregado, e a este avaliar a conveniência das condições de trabalho.

Determina o artigo 445 da CLT que o prazo de duração do contrato de trabalho por tempo determinado não poderá ser superior a 2 anos, podendo ser prorrogado apenas uma vez, se firmado por prazo inferior, e desde que a soma dos dois períodos não ultrapasse o limite de 2 anos (artigo 451 da CLT). Exige a lei que este contrato seja expresso e devidamente anotado na CTPS.

Somente será permitido um novo contrato após seis meses da data de conclusão do pacto anterior (artigo 452, CLT), salvo nas hipóteses em que a expiração do contrato dependeu da execução de serviços especializados ou da realização de certos acontecimentos.

É proibida a contratação de empregados por prazo determinado visando substituir pessoal regular e permanente contratados por prazo indeterminado.

Havendo cláusula que permita a rescisão imotivada antes do prazo determinado, este será regido pelas mesmas regras do contrato por tempo indeterminado (artigo 481, CLT), cabendo aviso-prévio.

São exemplos de contratos por prazo determinado: obra certa; safra (Lei n. 5.889/73); atletas profissionais (Lei n. 9.615/98); aprendizagem (CLT, artigo 428).

Jurisprudência:

CONTRATO DE EXPERIÊNCIA – OCORRÊNCIA DE ACIDENTE DO TRABALHO NO SEU CURSO – DIREITO À ESTABILIDADE PROVISÓRIA – INEXISTÊNCIA. Como modalidade de contrato por prazo determinado, o contrato de experiência extingue-se naturalmente pelo decurso do prazo previamente ajustado entre as partes, se não há cláusula de prorrogação automática, sendo, portanto, pela sua própria natureza, incompatível com qualquer espécie de estabilidade provisória no emprego, inclusive com aquela prevista no art. 118 da Lei n. 8.213/91. O instituto da estabilidade provisória aplica-se aos contratos por prazo indeterminado e somente terá aplicação no contrato a termo, quando da ocorrência de acidente do trabalho no seu curso, se assim for acordado previamente pelas partes, por aplicação analógica do art. 472, §2º, da CLT. (TRT 3ª Região. RO – 00982-2008-103-03-00-6. 7ª Turma. Relator Paulo Roberto de Castro. Data: 14.05.2009).

ESTABILIDADE. CONTRATO DE TRABALHO POR TEMPO DETERMINADO. INAPLICABILIDADE. O empregado contratado por tempo determinado não tem direito a estabilidade por acidente de trabalho. (Processo 00218-2007-022-05-00-9 RO, ac. n. 011531/2008, Relator Desembargador Alcino Felizola, 1ª Turma, DJ 05.06.2008).

CONTRATO POR TEMPO DETERMINADO: Estabelecido prazo inferior ao máximo permitido por lei para a vigência de contrato de trabalho por tempo determinado, e escoado o seu lapso, a manutenção do empregado em atividade faz com que o contrato se transforme em contrato por tempo indeterminado. (Processo 00512-2007-101-05-00-8 RO, ac. n. 003057/2008, Relatora Desembargadora Graça Laranjeira, 2ª Turma, DJ 27.02.2008).

Via de regra, o contrato se extingue a partir da data estipulada pelas partes, no entanto, podem ocorrer hipóteses de rescisão antecipada sem justa causa.

Neste caso os efeitos do término do contrato dependerão da existência ou não de cláusula que preveja o direito recíproco de rescisão. Não havendo esta cláusula e a rescisão for provocada pelo empregador, este será obrigado a pagar, a título de indenização, a metade da remuneração que o empregado teria direito até o final do contrato (artigo 479, CLT).

Se a rescisão ocorrer por parte do empregado, este deverá indenizar o empregador pelos prejuízos sofridos, efetivamente comprovados, até o limite do que lhe seria devido na situação inversa (artigo 480, CLT).

Na existência de Convenção ou Acordo Coletivo esta deverá estipular a indenização a ser paga, não se aplicando as indenizações já previstas na CLT, artigos 479 e 480.

As partes poderão rescindir o contrato antecipadamente quando da existência de cláusula assecuratória do direito recíproco de rescisão, e a rescisão acarretará os mesmos direitos do contrato por prazo indeterminado.

Jurisprudência:

CONTRATO DE TRABALHO TEMPORÁRIO. MULTA DO ART. 479 DA CLT. INAPLICABILIDADE. A Lei n. 6.019/74 não prevê espécie de contrato por prazo determinado, mas apenas um contrato de duração limitada ao máximo de 90 dias. Despedido o trabalhador temporário antes desse prazo, não faz jus à multa prevista no art. 479 da CLT, devida apenas na rescisão antecipada, pelo empregador, de contratos que tenham termo estipulado. (TRT 2ª Região. 7ª Turma. RS01 – 00225-2006-049-02-00. Redatora designada Sonia Maria de Barros. Data: 17.10.2006).

"ANOTAÇÃO NA CTPS DE CONTRATO POR OBRA CERTA. Reclamada que pretende fazer valer contrato de trabalho temporário. Não caracterização da modalidade contratual alegada pela Reclamada. Dispensa injustificada antecipada. Indenização do artigo 479 da CLT. Devida. Apelo não provido" (TRT 2ª Região. RO01 – 00543-2004-254-02-00. 1ª Turma. Relator Plínio Bolivar de Almeida. Data: 10.01.2006).

Muitas das condições estabelecidas num contrato de trabalho podem ser alteradas no decorrer do tempo. No entanto, estabelece a lei alguns requisitos para que produzam efeito no contrato de trabalho.

O artigo 468 da CLT esclarece-nos que para a validade de uma alteração nas disposições do contrato de trabalho primeiramente as partes devem estar de acordo mutuamente, além de que o empregado não deverá sofrer nenhum prejuízo direto ou indiretamente, independente de sua natureza (salários, benefícios, jornadas de trabalho, comissões, vantagens).

Jurisprudência:

PLANO DE CARGOS E SALÁRIOS. ALTERAÇÃO UNILATERAL. IMPOSSIBILIDADE. A posterior exclusão das definições específicas previstas na primeira versão do Plano de Cargos e Salários causou prejuízos à reclamante, porquanto ficou evidenciado que, ao desconsiderar a conceituação dos padrões, a reclamada pagava salários sem a equivalência com a responsabilidade do cargo, constituindo alteração unilateral lesiva do contrato de trabalho. A expectativa do empregado, quando da adesão a determinado plano de cargos e salários, é a de que terá vantagens, de modo que a alteração das regras do plano pela empresa, após a opção do laborista, com a supressão de vantagens antes instituídas, desestabiliza a relação jurídica, encontrando vedação no art. 468 da CLT. (TRT 3ª Região. RO – 00784-2008-019-03-00-0. 2ª Turma. Relator Luiz Ronan Neves Koury. Data: 15.04.2009).

Previsto no artigo 468 da CLT o princípio da imodificabilidade estabelece que as condições do contrato de trabalho não podem ser modificadas unilateralmente evitando que o empregado, sendo o polo mais fraco da relação, não seja prejudicado por imposições do empregador.

Diante da ausência de prejuízo do empregado e com a concordância deste, esta regra é afastada. A concordância do empregado poderá ser escrita, verbal ou tácita, salvo quando imprescindível a forma escrita nos contratos de trabalho.

O prejuízo ao empregado poderá ser imediato ou mediato, vez que a alteração pode causar prejuízo no momento de sua modificação, ou ainda, logo depois.

Contudo, ainda que o empregado concorde com a alteração, mas esta alteração cause prejuízo imediato ou remoto ao trabalhador, está não terá validade e, por conseguinte, poderá o trabalhador prejudicado, postular a reparação de danos sofridos com o retorno do contrato à situação anterior.

Jurisprudência:

INALTERABILIDADE CONTRATUAL. ÓBICE LEGAL. A regra geral é que o contrato de emprego é protegido contra modificações unilateralmente impostas pelo empregador pelo princípio da imodificabilidade ou inalterabilidade. O art. 468, *caput*, da Consolidação das Leis do Trabalho é claro, ao dispor que nos contratos individuais de trabalho só é lícita a alteração das respectivas condições por mútuo consentimento, e, ainda assim, desde que não resultem, direta ou indiretamente, prejuízos ao empregado. A conclusão emergente é que alterações contratuais somente são aceitas se forem bilaterais e, cumulativamente, não causarem prejuízos ao trabalhador. Quaisquer tipos de modificações nocivas são nulas, na forma do art. 9º Consolidado. (TRT 2ª Região. RO01 – 02822-2000-036-02-00. 4ª Turma. Relator Paulo Augusto Câmara. Data: 06.05.2005).

O *jus variandi*, quer dizer do poder do empregador em realizar pequenas alterações no contrato de trabalho, das quais não ocorram mudanças que não modifiquem substancialmente o pacto laboral. Esta relação é oriunda do poder de direção do empregador e da subordinação do empregado.

No *jus variandi* o empregador tem o direito de alterar algumas condições contratuais legalmente, por exemplo, qualquer mudança no horário de trabalho (entrada, saída, turno, intervalo), alteração na sala onde o empregado realiza suas atividades, ou mesmo o retorno ao cargo anteriormente ocupado (artigos 468 e 450 da CLT).

Salutar mencionar o que dispõe o artigo 468, parágrafo único da CLT: "Não se considera alteração unilateral a determinação do empregador para que o respectivo empregado reverta ao cargo efetivo, anteriormente ocupado, deixando o exercício de função de confiança."

A Constituição Federal prevê exceções às regras do artigo 468 da CLT, como nas hipóteses em que é exigida a negociação, acordo ou convenção coletiva para sua validade, a redução de salários prevista no artigo 7º, VI, ou o aumento da jornada de trabalho nos turnos ininterruptos de revezamento (artigo 7º, XIV).

Neste mesmo raciocínio, dispõe o artigo 450 da CLT: "Ao empregado chamado a ocupar, em comissão, interinamente, ou em substituição eventual ou temporária, cargo diverso do que exercer na empresa, serão garantidas a contagem do tempo naquele serviço, bem como volta ao caso anterior."

Por outro lado, não será lícita a alteração contratual que causar prejuízos, mesmo que indiretamente, ao empregado (*jus resistentiae*), sendo-lhe permitido pleitear pela rescisão indireta do contrato de trabalho (artigo 483, CLT).

Aduz a Súmula 265 do TST: "A transferência para o período diurno de trabalho implica a perda do direito ao adicional noturno."

Jurisprudência:

ESTABILIDADE GESTACIONAL. RESCISÃO CONTRATUAL RESULTANTE DO ENCERRAMENTO DE ESTABELECIMENTO. TRANSFERÊNCIA DO TRABALHADOR. LIMITES DO *JUS VARIANDI*. O art. 469, parágrafo 2º da CLT garante o *jus variandi* do empregador de transferir o empregado para localidade diversa da resultante do contrato no caso de extinção do estabelecimento. Entretanto, esse direito deve ser utilizado dentro de parâmetros razoáveis e não abusivamente, de modo a caber ao empregador oferecer a transferência para localidade mais próxima daquela em que se situava o estabelecimento extinto, pois induvidosamente menos gravosa para os obreiros. No caso de empregada amparada por estabilidade por seu estado gravídico a proteção à maternidade garantiria mesmo que ela se recusasse a aceitar qualquer transferência, pois o art. 469 /S 2-o. dispõe de regra para empregados em geral e a grávida possui estabilidade especialíssima, a lhe permitir a maternidade tranqüila, bem maior tutelado por tal garantia, de modo a permanecer na localidade em que se encontra amparada por seus familiares e fazendo seu pré- natal de modo seguro, sem ter que realizar deslocamentos diários e longos para ir à nova localidade. (TRT 3ª Região. RO – 01160-2007-059-03-00-8. 5ª Turma. Relatora Convocada Rosemary de Oliveira Pires. Data: 21.06.2008).

ALTERAÇÃO CONTRATUAL PREJUDICIAL. NULIDADE. ART. 468 DA CLT. *JUS RESISTENTIAE* AUTORIZADO. JUSTA CAUSA NÃO CONFIGURADA. A mudança do horário anteriormente cumprido, das 9:00/15:00h e 14:00/20:00h, com duas folgas semanais, para 17:00/22:00h, de terça-feira a domingo, configura alteração contratual que acarreta prejuízos pessoais para a empregada, que tem todo o direito de recusá-la. A alteração contratual lesiva é vedada pelo art. 468, *caput* da CLT, cabendo à empregada o direito de resistência, sem que fique configurada a insubordinação e a conseqüente justa causa, pois o direito potestativo do empregador é limitado. (TRT 2ª Região. RO01 – 00591-2003-021-02-00. 4ª Turma. Relator Paulo Augusto Câmara. Data: 26.05.2006).

O empregador não pode transferir o empregado para localidade diversa do contrato de trabalho sem a sua devida anuência. Não será caracterizada transferência se a alteração do local de trabalho não obrigar o empregado a mudar seu domicílio (artigo 469, *caput* da CLT). Quando o legislador menciona expressão "domicílio", quer dizer residência, onde o trabalhador tem sua moradia, fica sua família.

São requisitos para a validade da transferência: o consentimento do empregado e a demonstração da necessidade de prestação de serviços em outra localidade.

Ao empregador é vedado transferir o empregado, sem a sua anuência, para localidade diversa da que resultar do contrato, contudo no artigo 469, §§ 1º e 2º da CLT, a lei abre algumas exceções, vejamos:

a) exercício de cargo de confiança;

b) extinção do estabelecimento onde prestar serviços;

c) quando o contrato estiver convencionado a uma real necessidade imperiosa do serviço; e

d) quando condição implícita do contrato, decorre da própria natureza do serviço.

A Súmula 43 do TST considera abusiva a transferência de que dispõe o § 1º do artigo 469 da CLT quando inexistir a comprovação da necessidade do serviço.

Aqueles empregados contratados no Brasil e que são transferidos para trabalhar no exterior, por empresas de engenharia, obras, projetos, regulados pela Lei n. 7.064/82, com aplicação analógica para todos aqueles que forem transferidos para o exterior, terão como garantia: FGTS e PIS/PASEP, Previdência Social e aplicação da legislação brasileira de proteção ao trabalhador.

A Lei n. 7.064/82, em seu artigo 16, aduz que "a permanência do trabalhador no exterior não poderá ser ajustada por período superior a 3 (três) anos, salvo quando for assegurado a ele e seus dependentes o direito de gozar férias anuais no Brasil, com despesas de viagem pagas pela empresa estrangeira." Para a transferência do empregado para o exterior, deve se pedir autorização do Ministério do Trabalho.

Jurisprudência:

NO CONTRATO CELETISTA A TRANSFERÊNCIA DO EMPREGADO SUBMETE-SE A REGRA CONTIDA NO ARTIGO 469 DA CLT, VEDADO TRANSFERIR O ASSALARIADO, SEM A SUA ANUÊNCIA, PARA LOCALIDADE DIVERSA DA QUE RESULTAR DO CONTRATO. Ainda que o edital que deu origem ao concurso não especifique o local certo da lotação, mas, em respeito ao trabalhador e sua família, deve ser dado interpretação literal ao artigo 469 da CLT, de sorte a admitir a possibilidade de transferência somente na eventualidade de cláusula expressa nos respectivos contratos; com o acréscimo de que, ainda assim, deve ser conjugado com a comprovação da real necessidade de serviço. (TRT 7ª Região. RO n.: 357-2005-029-07-00-4. 1ª Turma. Relator Desembargador Cláudio Soares Pires. Data: 25/8/2006).

"Art. 444. ....

Parágrafo único. A livre estipulação a que se refere o *caput* deste artigo aplica-se às hipóteses previstas no art. 611-A desta Consolidação, com a mesma eficácia legal e preponderância sobre os instrumentos coletivos, no caso de empregado portador de diploma de nível superior e que perceba salário mensal igual ou superior a duas vezes o limite máximo dos benefícios do Regime Geral de Previdência Social." (NR)

Comentário:

A inovação, no presente artigo, foi a criação do hiperssuficiente, ou seja, aquele empregado que ganha mais de 2 vezes o teto do pagamento da previdência social, em torno de R$ 11.000,00 (valores de 2017), poderão pactuar sua relação de trabalho da melhor maneira que quiserem, haja vista, que trata-se de um empregado que está bem instruído de seus direitos.

"**Art. 448-A.** Caracterizada a sucessão empresarial ou de empregadores prevista nos arts. 10 e 448 desta Consolidação, as obrigações trabalhistas, inclusive as contraídas à época em que os empregados trabalhavam para a empresa sucedida, são de responsabilidade do sucessor.

Parágrafo único. A empresa sucedida responderá solidariamente com a sucessora quando ficar comprovada fraude na transferência."

Comentários:

Apenas existirá a responsabilidade solidária, no caso de fraude na transferência da sucessão da empresa, o que deverá ficar claro nos autos, através de provas.

"**Art. 452-A.** O contrato de trabalho intermitente deve ser celebrado por escrito e deve conter especificamente o valor da hora de trabalho, que não pode ser inferior ao valor horário do salário mínimo ou àquele devido aos demais empregados do estabelecimento que exerçam a mesma função em contrato intermitente ou não.

§ 1º O empregador convocará, por qualquer meio de comunicação eficaz, para a prestação de serviços, informando qual será a jornada, com, pelo menos, três dias corridos de antecedência.

§ 2º Recebida **a convocação, o empregado terá o prazo de um dia útil para responder ao chamado, presumindo-se, no silêncio, a recusa.**

§ 3º A recusa da oferta não descaracteriza a subordinação para fins do contrato de trabalho intermitente.

§ 4º Aceita a oferta para o comparecimento ao trabalho, **a parte que descumprir, sem justo motivo, pagará à outra parte, no prazo de trinta dias, multa de 50% (cinquenta por cento) da remuneração que seria devida, permitida a compensação em igual prazo.**

§ 5º O período de inatividade não será considerado tempo à disposição do empregador, podendo o trabalhador prestar serviços a outros contratantes.

§ 6º Ao final de cada período de prestação de serviço, o empregado receberá o pagamento imediato das seguintes parcelas:

I – remuneração;

II – férias proporcionais com acréscimo de um terço;

III – décimo terceiro salário proporcional;

IV – repouso semanal remunerado; e

V – adicionais legais.

§ 7º O recibo de pagamento deverá conter a discriminação dos valores pagos relativos a cada uma das parcelas referidas no § 6º deste artigo.

§ 8º O empregador efetuará o recolhimento da contribuição previdenciária e o depósito do Fundo de Garantia do Tempo de Serviço, na forma da lei, com base nos valores pagos no período mensal e fornecerá ao empregado comprovante do cumprimento dessas obrigações.

§ 9º A cada doze meses, o empregado adquire direito a usufruir, nos doze meses subsequentes, um mês de férias, período no qual não poderá ser convocado para prestar serviços pelo mesmo empregador."

Comentários:

O trabalho intermitente poderá ocorrer a critério das partes, por hora, dia, semana ou quinzenal, de forma esporádica. Deverá ter a anotação em CTPS e o consequente pagamento das verbas rescisórias, oriundas do contrato.

Esse contrato somente será válido se estiver por escrito e o empregador poderá chamar o empregado por qualquer meio de comunicação com 3 dias de antecedência antes do início do trabalho e o empregado terá 1 dia útil para responder.

"**Art. 456-A**. Cabe ao empregador definir o padrão de vestimenta no meio ambiente laboral, sendo lícita a inclusão no uniforme de logomarcas da própria empresa ou de empresas parceiras e de outros itens de identificação relacionados à atividade desempenhada.

Parágrafo único. A higienização do uniforme é de responsabilidade do trabalhador, salvo nas hipóteses em que forem necessários procedimentos ou produtos diferentes dos utilizados para a higienização das vestimentas de uso comum."

Comentário:

Sobre uniformes, o empregado deve usar o mesmo. Se tiver com logomarcas da empresa ou empresas parceiras e sua higienização será de responsabilidade do empregado, exceto se essa vestimenta precisar ser higienizada com produtos especiais. Nessa hipótese a responsabilidade será do empregador.

Outras regras de proteção

Outras normas de prevenção são bem recebidas na CLT, cujos pontos principais são:

• Caldeiras, fornos e recipientes sob pressão: é obrigatório o uso de válvulas e dispositivos de segurança. Toda caldeira deve passar por inspeção periódica, anotada no Registro de Segurança, e contar com prontuário, com as suas características. Esta matéria é regulada pelas NRs-13 e 14.

• Conforto térmico: é obrigatória ventilação natural ou artificial que possibilite conforto térmico. Na geração de frio é necessário o uso de vestimentas ou isolamentos térmicos protetivos (arts. 174 a 178 CLT).

- Edificações: Os locais de trabalho deverão ter, no mínimo, 3 metros de pé-direito, assim considerada a altura livre do piso ao teto. O piso não deve apresentar saliências nem depressões que prejudiquem a circulação de pessoas ou a movimentação de materiais (art. 171 a 174 da CLT).

- Equipamento de Proteção Individual: Assunto já abordado em capítulo específico.

- Fadiga: Salvo o uso de vagonetes sobre trilhos, carros de mão ou outros aparelhos mecânicos, há de se considerar que 60 quilos é o peso máximo para remoção individual pelo empregado. É obrigatória a colocação de assentos que assegurem a postura correta e, no trabalho em que o funcionário deverá ficar em pé, disponibilizar assentos para as pausas (NR-17 e Portaria 3.751/90).

- Iluminação: No local de trabalho a iluminação deve ser natural ou artificial, apropriada à natureza da atividade, uniformemente distribuída, geral e difusa, a fim de evitar o ofuscamento, reflexos, incômodos, sombras e contrastes excessivos (art. 175 da CLT e Portaria MT-3.751/90).

- Insalubridade e periculosidade: Assunto tratado em capítulo específico (NR-15).

- Instalações elétricas: trabalho realizado por empregado especializado, com instrução especial, em condições de prestar socorro a acidentados por choque elétrico. O aterramento e outras especificações pertinentes estão na NR-10.

- Máquinas e equipamentos: Para evitar o acionamento acidental de máquinas e equipamentos, fica obrigada a empresa de instalar dispositivos de partida e parada, e de estabelecer que a manutenção só poderá ser realizada com a máquina completamente parada (NR-12).

- Movimentação, armazenagem e manuseio de materiais: padronização de avisos de carga máxima, avisos proibitivos de não fumar, advertência quanto à natureza perigosa, precaução, condições mínimas de segurança e higiene referente aos recipientes e armazéns, primeiros-socorros e assuntos correlatos, tratados pela NR-11.

"Art. 457. ....

§ 1º Integram o salário a importância fixa estipulada, as gratificações legais e as comissões pagas pelo empregador.

§ 2º As importâncias, ainda que habituais, pagas a título de ajuda de custo, auxílio-alimentação, vedado seu pagamento em dinheiro, diárias para viagem, prêmios e abonos não integram a remuneração do empregado, não se incorporam ao contrato de trabalho e não constituem base de incidência de qualquer encargo trabalhista e previdenciário.

....

§ 4º Consideram-se prêmios as liberalidades concedidas pelo empregador em forma de bens, serviços ou valor em dinheiro a empregado ou a grupo de empregados, em razão de desempenho superior ao ordinariamente esperado no exercício de suas atividades." (NR)

"Art. 458. ....

....

§ 5º O valor relativo à assistência prestada por serviço médico ou odontológico, próprio ou não, inclusive o reembolso de despesas com medicamentos, óculos, aparelhos ortopédicos, próteses, órteses, despesas médico-hospitalares e outras similares, mesmo quando concedido em diferentes modalidades de planos e coberturas, não integram o salário do empregado para qualquer efeito nem o salário de contribuição, para efeitos do previsto na alínea q do § 9º do art. 28 da Lei n. 8.212, de 24 de julho de 1991."(NR)

Comentários:

Apenas será integrado ao salário as gratificações legais e comissões.

Nesse contexto, as importâncias, ainda que habituais, pagas a título de ajuda de custo, auxílio-alimentação, vedado seu pagamento em dinheiro, diárias para viagem, prêmios e abonos não integram a remuneração do empregado, não se incorporam ao contrato de trabalho e não constituem base de incidência de qualquer encargo trabalhista e previdenciário, o que deverá constar apenas no contrato mais sem eficácia.

"Salário é toda contraprestação ou vantagem em pecúnia ou em utilidade devida e paga diretamente pelo empregador ao empregado, em virtude do contrato de trabalho. É o pagamento direto feito pelo empregador ao empregado pelos serviços prestados, pelo tempo à disposição ou quando a lei assim determinar (aviso-prévio não trabalhado, 15 primeiros dias da doença etc.)" (Vólia Bomfim Cassar. Direito do trabalho. 3. ed. Niterói: Editora Impetus, 2009).

"Remuneração é a soma do pagamento direto com o pagamento indireto, este último entendido como toda contraprestação paga por terceiros ao trabalhador, em virtude de um contrato de trabalho que este mantém com seu empregador" (Vólia Bomfim Cassar. Direito do trabalho. 3. ed. Niterói: Editora Impetus, 2009).

Enfim, considera-se a remuneração como gênero, e uma de suas espécies, o salário (artigo 457 da CLT). Remuneração envolve os salário e as gorjetas. A remuneração são todos os valores recebidos habitualmente pelo empregado, mês a mês, dia a dia, hora a hora, ou seja, o salário, as diárias de viagem, prêmios, gratificações, adicionais etc.

A remuneração visa satisfazer as necessidades vitais básicas do empregado e de seus familiares. Engloba parcelas remuneratórias de diversas naturezas, tais como a contraprestação, indenização, benefícios.

A expressão "integrar a remuneração", "ter natureza salarial" quer dizer que essa parcela integrará a base de cálculo para a incidência de encargos trabalhistas. Por exemplo, não integram ao salário as diárias que não excedam a 50% e as ajudas de custo (desde que especificadas), vez que a ajuda de custo tem natureza indenizatória. Agora, diante da não identificação do custo, a ajuda se transforma em abono, e assim integra no salário. Não integram o salário: os pagamentos de natureza indenizatória, as indenizações, direitos intelectuais, habitação, energia, veículo, cigarros, participação nos lucros e gratificações não-habituais.

Para aqueles que atuam em cargo público percebem "vencimento" e não salário, expressão oriunda da Lei n. 8.112/90, artigos 40 e 41.

"Art. 461. Sendo idêntica a função, a todo trabalho de igual valor, prestado ao mesmo empregador, no mesmo estabelecimento empresarial, corresponderá igual salário, sem distinção de sexo, etnia, nacionalidade ou idade.

§ 1º Trabalho de igual valor, para os fins deste Capítulo, será o que for feito com igual produtividade e com a mesma perfeição técnica, entre pessoas cuja diferença de tempo de serviço para o mesmo empregador não seja superior a quatro anos e a diferença de tempo na função não seja superior a dois anos.

§ 2º Os dispositivos deste artigo não prevalecerão quando o empregador tiver pessoal organizado em quadro de carreira ou adotar, por meio de norma interna da empresa ou de negociação coletiva, plano de cargos e salários, dispensada qualquer forma de homologação ou registro em órgão público.

§ 3º No caso do § 2º deste artigo, as promoções poderão ser feitas por merecimento e por antiguidade, ou por apenas um destes critérios, dentro de cada categoria profissional.

....

§ 5º A equiparação salarial só será possível entre empregados contemporâneos no cargo ou na função, ficando vedada a indicação de paradigmas remotos, ainda que o paradigma contemporâneo tenha obtido a vantagem em ação judicial própria.

§ 6º No caso de comprovada discriminação por motivo de sexo ou etnia, o juízo determinará, além do pagamento das diferenças salariais devidas, multa, em favor do empregado discriminado, no valor de 50% (cinquenta por cento) do limite máximo dos benefícios do Regime Geral de Previdência Social." (NR)

Comentário:

A equiparação salarial, conforme *caput* do artigo supra citado, somente será devido para o mesmo estabelecimento, desta forma, pergunta-se: Se forem filiais diferentes? Será aplicada a regra?

As futuras decisões deverão temperar tal fato. A nosso ver, guardadas as diferentes opiniões, em se tratando na mesma região metropolitana, a regra deverá ser mantida, ou seja, o cabimento da equiparação.

Dica interessante é que no caso de discriminação por motivo de sexo ou etnia, será devido um pagamento extra de metade do teto dos valores pagos pela previdência social.

Normas de proteção ao salário

Irredutibilidade

A CF, no seu artigo 7º, inciso VI, declara que o salário é irredutível, ou seja, não poderá haver uma diminuição do valor na remuneração paga ao empregado.

Porém, há uma exceção no caso de acordo e convenção coletiva de trabalho, onde ocorre a redução da jornada de trabalho e do correspondente salário. Portanto, a irredutibilidade não é absoluta.

Esta redução é sempre temporária e vem acompanhada de uma contrapartida em favor dos trabalhadores.

Para aqueles que trabalham em regime parcial receberão proporcionalmente àqueles que laboram em período integral.

Jurisprudência:
GRATIFICAÇÃO DE FUNÇÃO – C.T.V.A. – NATUREZA JURÍDICA – SUPRESSÃO – IMPOSSIBILIDADE – VIOLAÇÃO À ESTABILIDADE FINANCEIRA E AO PRINCÍPIO DA IRREDUTIBILIDADE SALARIAL. O Complemento Temporário Variável de Ajuste ao Piso de Mercado – CTVA pago pela CEF – está definido no item 3.3.2 da RH 115 011 (Rubricas da Remuneração Mensal) como o "valor que complementa a remuneração do empregado ocupante de CC efetivo ou assegurado quando esta remuneração for inferior ao valor do Piso de Referência de Mercado". A própria denominação da parcela e as razões expendidas no recurso da Reclamada, no sentido de que o seu pagamento serviu de complemento às empregadas de cargos gerenciais comissionados, que estivessem recebendo salário inferior ao mercado, evidenciam a natureza nitidamente retributiva do CTVA, pois, se o propósito da verba é garantir à detentora de cargo comissionado um piso salarial nivelado ao do mercado, apontam para a sua verdadeira índole jurídica. Tendo a empregada recebido a parcela mensalmente, é inegável a sua natureza salarial, já que configurada a habitualidade. Por outro lado, demonstrado que a verba foi paga à Empregada por mais de dez anos ininterruptos, impõe-se a aplicação do entendimento disposto na Súmula 372, I, do Colendo TST, sob pena de violação à estabilidade financeira e ao princípio da irredutibilidade salarial. (TRT 3ª Região. RO – 00036-2009-114-03-00-4. 4ª Turma. Relator: Luiz Otávio Linhares Renault. Data: 15.06.2009).

Inalterabilidade

O artigo 468 da CLT impede a modificação da forma de pagamento dos salários sem o consentimento do empregado. Mesmo no caso em que o consentimento do empregado é dado e a nova forma lhe seja prejudicial, será considerado nulo.

Cabe salientar que pequenas modificações podem ser feitas pelo empregador, em caso de necessidade ou melhorias no sistema de pagamento. A essa faculdade damos o nome de *jus variandi*, que é a possibilidade do empregador, em casos excepcionais, alterar unilateralmente as condições de trabalho, vez que possui o poder diretivo.

Jurisprudência:

Considerando que a reclamante já auferiu remuneração a maior, a redução de sua jornada e conseqüente redução de sua remuneração constitui ofensa aos princípios da irredutibilidade salarial e da inalterabilidade contratual lesiva, consubstanciados, respectivamente, no art. 7º, VI, da Carta Magna e art. 468, da CLT. 2. HONORÁRIOS ADVOCATÍCIOS. EXCLUSÃO. Não preenchidos os requisitos concomitantes da Súmula 219, a verba honorária deve ser excluída da condenação. Recurso ordinário conhecido e parcialmente provido. (TRT 7ª Região. RO n.: 530-2005-026-07-00-5. Relator: Desembargador José Antonio Parente da Silva. Região: única Vara do Trabalho de Iguatu – CE. Data: 8/8/2006).

Intangibilidade

O salário do trabalhador é intangível, ou seja, não pode sofrer descontos não autorizados ou ilegais. No artigo 462 da CLT dispõe o rol de descontos autorizados.

Porém, caso o trabalhador por negligência, imprudência ou imperícia causar prejuízo ao empregador culposamente, e no contrato individual de trabalho contiver cláusula permitindo o desconto, neste caso será permitido o desconto.

A Súmula 342 do TST aduz sobre os "descontos salariais efetuados pelo empregador, com a autorização prévia e por escrito do empregado, para ser integrado em planos de assistência odontológica, médico-hospitalar, de seguro, de previdência privada, ou de entidade cooperativa, cultural ou recreativa associativa dos seus trabalhadores, em seu benefício e dos seus dependentes, não afrontam o disposto pelo art. 462 da CLT, salvo se ficar demonstrada a existência de coação ou de outro defeito que vicie o ato jurídico."

O empregador não poderá descontar no mês de labor valor acima do percebido pelo empregado. É o que vaticina o artigo 477, § 5º, da CLT, "qualquer compensação no pagamento de que trata o parágrafo anterior não poderá exceder o equivalente a 1 (um) mês de remuneração do empregado."

Impenhorabilidade

O salário não pode ser penhorado, ou seja, ser retido por medida judicial para pagamento de dívidas.

O Brasil não admite a penhora do salário, garantindo assim a subsistência do trabalhador. A exceção é feita para o pagamento de pensão alimentícia.

Isonomia

De acordo com os artigos 7º, XXX, da CF e 461 da CLT, quando for idêntica a função, a todo trabalho de igual valor prestado ao mesmo empregador, na mesma localidade, corresponderá igual salário, sem distinção de sexo, nacionalidade ou idade.

São os requisitos da equiparação salarial: a mesma função, mesmo empregador, mesma localidade, diferença de tempos na função, com a exigência de que não seja superior a 2 anos, mesma produtividade e, por fim, mesma perfeição técnica.

Insta esclarecer que, caso o empregador tenha pessoal organizado em quadro de carreira, não terá aplicação as regras da equiparação salarial. Na equiparação salarial, o empregado que tiver salário maior e atuar na mesma função é chamando de paradigma.

"Art. 468. ....

§ 1º ....

§ 2º A alteração de que trata o § 1º deste artigo, com ou sem justo motivo, não assegura ao empregado o direito à manutenção do pagamento da gratificação correspondente, que não será incorporada, independentemente do tempo de exercício da respectiva função." (NR)

"Art. 477. Na extinção do contrato de trabalho, o empregador deverá proceder à anotação na Carteira de Trabalho e Previdência Social, comunicar a dispensa aos órgãos competentes e realizar o pagamento das verbas rescisórias no prazo e na forma estabelecidos neste artigo.

§ 1º (Revogado).

....

§ 3º (Revogado).

§ 4º O pagamento a que fizer jus o empregado será efetuado:

I – em dinheiro, depósito bancário ou cheque visado, conforme acordem as partes; ou

II – em dinheiro ou depósito bancário quando o empregado for analfabeto.

....

§ 6º A entrega ao empregado de documentos que comprovem a comunicação da extinção contratual aos órgãos competentes bem como o pagamento dos valores constantes do instrumento de rescisão ou recibo de quitação deverão ser efetuados até dez dias contados a partir do término do contrato.

a) (revogada);

b) (revogada).

§ 7º (Revogado).

....

§ 10. A anotação da extinção do contrato na Carteira de Trabalho e Previdência Social é documento hábil para requerer o benefício do seguro-desemprego e a movimentação da conta vinculada no Fundo de Garantia do Tempo de Serviço, nas hipóteses legais, desde que a comunicação prevista no *caput* deste artigo tenha sido realizada." (NR)

"**Art. 477-A.** As dispensas imotivadas individuais, plúrimas ou coletivas equiparam-se para todos os fins, não havendo necessidade de autorização prévia de entidade sindical ou de celebração de convenção coletiva ou acordo coletivo de trabalho para sua efetivação."

"**Art. 477-B.** Plano de Demissão Voluntária ou Incentivada, para dispensa individual, plúrima ou coletiva, previsto em convenção coletiva ou acordo coletivo de trabalho, enseja quitação plena e irrevogável dos direitos decorrentes da relação empregatícia, salvo disposição em contrário estipulada entre as partes."

Comentário:

Não há mais a necessidade de homologação no sindicato das rescisões, podendo ser realizadas nas dependências da empresa e, uma vez realizado, apenas com a CTPS poderá movimentar os FGTS e seguro-desemprego.

Poderá ocorrer as demissões coletivas, sem acordo com os sindicatos e o plano de demissão voluntária ou incentivada, dará quitação em todos os termos do contrato de trabalho.

"Art. 482. ....

....

m) perda da habilitação ou dos requisitos estabelecidos em lei para o exercício da profissão, em decorrência de conduta dolosa do empregado.

...." (NR)

Comentários:

Uma nova modalidade de justa causa foi criada com a reforma trabalhista, justamente é a perda da habilitação para o exercício da profissão. O exemplo clássico é o motorista que perde sua CNH em face das multas.

Sobre os institutos da falta grave e da justa causa, nota-se uma grande discussão entre os pensadores do direito. Não há unanimidade nas expressões, vez que existem particularidades que demonstram constituírem institutos distintos. Do conceito legal, conclui-se que a falta grave se refere somente ao trabalhador estável, ao contrário da justa causa, que se relaciona com os empregados não estáveis. Outra diferença é que a falta grave, por se tratar dos empregados estáveis, necessita ser apurada por meio de ação judicial de inquérito (artigo 494 e artigos 853 a 855 da CLT), o que não se exige na justa causa.

Será considerada dispensa por justa causa, quando esta for justificada por uma das hipóteses contidas nos incisos do artigo 482 da CLT, ou seja, o empregador extingue o contrato de trabalho firmado com o empregado quando este realiza ato ilícito, violando, assim, alguma obrigação legal ou contratual, explícita ou implícita.

A justa causa é todo ato faltoso do empregado que faz desaparecer a confiança e a boa-fé existentes entre as partes, tornando indesejável o prosseguimento da relação empregatícia. Assim, os atos faltosos do empregado ensejadores da rescisão contratual pelo empregador, referem-se não só às obrigações contratuais, como também, à conduta pessoal do empregado que reflete na relação contratual,

Para a configuração da justa causa, deve-se analisar dois requisitos: o subjetivo e o objetivo:

Requisito subjetivo – diz respeito ao *animus* e às características pessoais do empregado. Ao se referir ao animus do empregado, deve-se ater que o empregador tomará por base, para a caracterização da justa causa, a real motivação do empregado para a realização daquele ato que resultou na demissão por justa causa. É o caso de se analisar se o empregado, por exemplo, agiu com culpa ou dolo. Por dolo entende-se a intenção de praticar o ato faltoso e se caracteriza pela vontade dirigida à produção de resultado ilícito, enquanto que a culpa refere-se à imprudência, negligência ou imperícia do empregado, fazendo com que o ato faltoso acabe ocorrendo no descumprimento de um dever de cuidado. Em suma, no dolo, o agente quer a ação e quer o resultado, ao passo que na culpa, em sentido estrito, o agente quer apenas a ação, mas não quer resultado.

Quanto às características pessoais o empregador condicionará aos aspectos relacionados à personalidade do empregado, por exemplo, seu grau de instrução, sua cultura, seus antecedentes e outros.

Requisito objetivo – refere-se às características específicas da justa causa, tais como sua tipificação legal, a imediatidade na apuração da falta, a apuração da gravidade do ato, o nexo de casualidade, a gradação na punição (proporcionalidade) e o *non bis in idem*, para que assim acarrete em demonstração da prova de tal situação, despertando a possibilidade da dispensa por justa causa do empregado, senão, vejamos cada uma das características da justa causa:

a) Tipicidade: requer que o ato praticado pelo empregado se enquadre em uma ou mais condutas arroladas pelo artigo 482, da CLT. Note-se que o rol elaborado pelo legislador em *numerus clausus*, ou seja, o rol é taxativo, e não exemplificativo, não admite a inserção de outra conduta ali não tipificada, sequer por analogia ou semelhança, muito menos, por convenção, acordo coletivo e regulamento de empresa. Assim, para aplicação da pena de despedimento justo, deve o empregado agir exatamente como prevê a Lei.

b) Imediatidade: deve ser observada quando da aplicação da justa causa ao empregado. Diz do momento em que o empregador tomou conhecimento do ato faltoso, para o qual deve providenciar a imediata aplicação da penalidade sob pena de ser considerada nula a sanção, entendendo-se assim, que houve o perdão tácito por parte do empregador face a mora na tomada da decisão. Tipificado o ato, caso entenda que deva ser aplicada a justa causa ao empregado, deve o empregador ser célere na rescisão do contrato. Caso ocorra o tardiamento da penalidade, poderá ser descaracterizada a justa causa, salvo necessidade do empregador em apurar e investigar o ato faltoso, como é o caso de empresas de grande porte, nas quais realizam sindicância interna, e ainda, quando o ato faltoso só foi descoberto muito tempo depois. Nessas duas hipóteses não será levado em conta o perdão tácito.

c) Gravidade da conduta: firma-se, na mensuração por parte do empregador, do ato praticado pelo empregado, que enseja a dispensa por justa causa e na impossibilidade de continuidade da relação laboral. Deve o empregador, ser ponderado e equânime para não dar margem à anulação da sua decisão pelo Poder Judiciário.

d) Nexo de casualidade: esse requisito, vem assegurar o empregado que é dispensado por mera liberalidade do empregador, isto é, o empregador não poderá se valer da justa causa para simplesmente demitir um empregado que não lhe é mais viável. Por isso se faz necessário a relação entre a justa causa e a dispensa do empregado.

e) Proporcionalidade: deve haver a proporção na pena entre o ato praticado e a aplicação justa da pena, evitando assim abusos pelo empregador. Neste requisito cabe ao empregador analisar o perfil do funcionário, para assim, aplicar a pena.

A simples aplicação errônea pelo empregador na classificação das alíneas da justa causa não acarreta a nulidade do ato, uma vez que, cabe ao Juiz, diante do ingresso na Justiça do Trabalho, tipificar a correta conduta a ser enquadrada na justa causa e o Juiz não pode graduar a pena.

f) *Non bis in idem*: um dos poderes do empregador é o poder de punir, contudo, esse poder encontra limites. Se já houve a aplicação de uma pena para o empregado, o empregador não poderá puni-lo novamente pela mesma infração.

Jurisprudência:

JUSTA CAUSA. FALSIFICAÇÃO DE ATESTADO MÉDICO. A falsificação de atestado médico pela empregada, com o intuito de justificar falta ao serviço, fere o princípio da confiança, necessário à manutenção do liame empregatício. O ônus da prova quanto à alegação de que o responsável pela rasura no atestado poderia ser alguém da empresa, é da obreira, fardo processual este não cumprido por ela. A imediatidade na demissão também encontra-se presente, não se podendo considerar que o exíguo prazo assinalado, cerca de 15 dias, possa ser traduzido como perdão tácito. O fato de a reclamada, ao tomar conhecimento da prática do ato ilícito, não aplicar qualquer punição em momento imediato, não quer dizer que ela considere insignificante o ato ímprobo da empregada, perdoando-o tacitamente. É evidente que a gravidade da situação, com aplicação da penalidade máxima à empregada, exige delonga nos trâmites e cautela pelo empregador. Assim, restam caracterizados a imediatidade, o nexo de causalidade e a proporcionalidade entre o ato faltoso e a pena aplicada. Recurso improvido, por unanimidade. (TRT 24ª Região. Turma: TP – Tribunal Pleno. RO -1083-2006-003-24-06. Relator Marcio V. Thibau de Almeida. Data: 06.09.2007).

Outro aspecto que merece reflexão, são os três sistemas fundamentais da justa causa: genérico, taxativo ou misto.

a) Genérico: no sistema genérico, a Lei autoriza o despedimento do empregado sem mencionar ou tipificar as diferentes hipóteses casuísticas. Apenas aponta as teses de forma ampla, com definições gerais e abstratas.

b) Taxativo: é o sistema adotado pelo Brasil. Este sistema enumera os casos da justa causa, fazendo-o de forma exaustiva por meio da Lei. É impossível estipular a justa causa por meio de outras normas jurídicas, como as convenções e acordos coletivos de trabalho, os regulamentos de empresa etc.

c) Misto: o sistema misto é a junção dos dois critérios anteriores, isto é, o genérico e o taxativo. No sistema misto, a Lei, além de enumerar as hipóteses da justa causa, permite que um fato seja considerado, mesmo não tipificado.

O empregado dispensado por justa causa terá direito ao recebimento das seguintes verbas: saldo de salário e férias vencidas acrescido de 1/3 constitucional, se houver.

Com base no artigo 482 da CLT, rol taxativo, são atos que constituem justa causa para a extinção do contrato de trabalho pelo empregador:

a) Ato de improbidade

Baseia-se no ato desonesto do empregado, malícia, desonestidade, mau caráter, fraude no desempenho de suas funções, como por exemplo, realizar furto no caixa da empresa, apropriação indébita de materiais ou objetos da empresa, falsificação de documentos etc.

No direito do trabalho não se aplica a teoria da insignificância penal, portanto, torna-se desprezível o valor da monta que o empregado furta da empresa, assim, será caracterizado como ato de improbidade e acarretará em justa causa.

b) Incontinência de conduta ou mau procedimento

A incontinência de conduta é o procedimento grosseiro que ofende a dignidade do empregador ou de outros empregados, são os atos obscenos, assédio sexual etc. É qualquer ato que tenha conotação sexual dentro da empresa.

O mau procedimento são os demais atos irregulares que não se encaixam nas outras hipóteses do art. 482 da CLT. É uma das figuras mais amplas da justa causa. De qualquer forma, cabe observar que, nesta figura especificamente, a subjetividade é muito grande dando margem a controvérsias que somente se resolvem na Justiça do Trabalho, mediante as provas que ali foram produzidas.

Essas hipóteses são justos motivos, que se fundamentam no comportamento irregular do empregado, que melindra a confiança do empregador, tornando-se incompatível a sua permanência no emprego.

c) Negociação habitual

É aquela que ocorre quando o empregado exerce atividades mercantis e, com tal ato, acaba por prejudicar o seu próprio desempenho na empresa em que presta serviços, assim como, a atitude de negociar com empresa concorrente daquela em que foi contratado. Logo, havendo habitualidade nesta negociata, caracteriza-se ato o ilícito. Exemplo: mandar um cliente para o concorrente de seu empregador.

d) Condenação criminal

Para caracterizar ato criminoso, exige-se a condenação criminal com sentença transitada em julgado, sem a suspensão da execução da pena, ou seja, que não haja *sursis*. Enfim, deve repercutir na privação da liberdade do empregado. O ato criminoso não precisa ter relação com o serviço, basta o trânsito em julgado de qualquer crime. Por outro lado, a mera detenção do empregado para apuração de um crime, com a prisão preventiva, não resulta na aplicação da justa causa.

e) Desídia funcional

É o desinteresse do empregado no exercício de suas funções, descumprimento das obrigações, pouca produção, atrasos freqüentes, faltas injustificadas, produção imperfeita, descuido na execução dos serviços etc., ou seja, a desídia é o desleixo, preguiça e má vontade do empregado em trabalhar. Para ficar bem caracterizada a desídia, supõe a repetição de procedimentos, ficando mais evidenciada, quando o empregador aplicar outras penalidades prévias, como a advertência e a suspensão.

f) Embriaguez habitual ou em serviço

A pena de demissão por justa causa prevista no artigo 482 da CLT para os casos de embriaguez em serviço é passível de ser aplicada mesmo quando o fato ocorre uma única vez ao longo do contrato de trabalho.

Caracteriza-se pela ingestão de álcool ou substâncias tóxicas, tais como drogas, por exemplo.

Sendo a embriaguez habitual, provoca a degradação física e moral do empregado que pressupõe o prolongamento da prática no tempo. A embriaguez se dá fora de serviço, porém, o empregado deixa transparecer seu estado alterado no serviço, caracterizando a falta grave. Em contrapartida se há embriaguez em serviço, também será caracterizada a justa causa.

Aquele que toma uma bebida e não fica embriagado, não será dispensado do serviço. Contudo, há julgados, além de posições doutrinárias, contrárias à caracterização da justa causa, vez que tal situação é entendida como doença, exigindo tratamento adequado.

Jurisprudência:

DISPENSA POR JUSTA CAUSA. NÃO CARACTERIZAÇÃO EM VIRTUDE DO ALCOOLISMO DO TRABALHADOR. O alcoolismo configura doença progressiva, incurável e fatal, que consta do Código Internacional de Doenças sob a denominação "F10.2 – Transtornos mentais e comportamentais devidos ao uso de álcool – síndrome de dependência". Neste contexto, considerando-se que o autor, quando praticou o ato ensejador da dispensa motivada, encontrava-se embriagado, é de se mitigar a antiga caracterização da dispensa por justa causa em face da embriaguez do empregado em serviço (art. 482, "f", da CLT). Isto porque, trata-se de pessoa doente, incapaz de controlar a sua compulsão pelo consumo de álcool. Via de consequência, ele deve ser encaminhado para o tratamento pertinente ao invés de ser punido, atenuando-se, assim, os problemas daí decorrentes na vida social, familiar e financeira do empregado já bastante vulnerável em decorrência da doença que, por si só, torna-o ainda mais frágil. (TRT 3ª Região. 10ª Turma. RO – 00984-2008-033-03-00-9. Relatora Convocada Taísa Maria Macena de Lima. Data: 29.04.2009).

JUSTA CAUSA CONFIGURAÇÃO. O empregado que, por cinco vezes, incide em irregularidades disciplinares, todas punidas pelo empregador, em obediência a escala pedagógica de punições, e que, nada obstante, insiste em sua conduta com desvio de rota, portando maconha em seu ambiente de trabalho (26 invólucros numa oportunidade e nove "buchas" em outra), do que, afinal, decorreu sua prisão pela Polícia Militar, fornece sobradas razões para ser dispensado por justa causa, ante a induvidosa desfiguração do seu conceito e imagem profissionais, capazes de fazer esvair-se de forma irremediável, a confiança patronal de que dependia para prossecução do vínculo de emprego. (TRT 3ª Região. 8ª Turma. RO – 00126-2003-091-03-00-0. Redator Juiz José Miguel de Campos. Data: 12.07.2003).

g) Violação de segredo da empresa

Este ato atenta ao dever de fidelidade que o empregado tem em relação às atividades do empregador, sendo que este dever, pode estar expresso ou implícito nos contratos de trabalho. São exemplos, fórmulas, informações, marcas, inventos, listas de clientes etc.

h) Indisciplina e insubordinação

A indisciplina se caracteriza pela desobediência às ordens gerais, relativas à organização interna do estabelecimento, tais como instruções gerais, regulamentos internos empresariais, circulares, portarias e outros, enquanto que a insubordinação é o descumprimento de uma ordem direta, pessoal e específica do empregador para o empregado, como é o caso do obreiro que se recusa a fazer determinada tarefa solicitada pelo superior hierárquico, e esta tarefa condiz com o contrato de trabalho.

i) Abandono de emprego

Pressupõe a falta ao serviço a intenção do empregado em não retornar mais ao trabalho, mediante prova do abandono. Como a Lei silencia quanto ao prazo, o empregador deve aguardar durante 30 dias (podendo o prazo ser inferior se comprovada a intenção em não trabalhar), entendimento este com aplicação analógica do artigo 474 da CLT. Entretanto, deve ser feita comunicação ou convocação ao empregado por carta com aviso de recebimento (telegrama), notificação judicial ou extrajudicial.

Corroborando com esse entendimento, a Súmula 32 do TST aduz: "Para se caracterizar o abandono de emprego, deve-se observar as seguintes características:

- Ausência injustificada.

- Prazo mais ou menos longo (Súmula 32 do TST).

- Intenção de abandono do emprego.

Jurisprudência:

ABANDONO DE EMPREGO – NÃO CONFIGURAÇÃO – É consabido que, para que se configure a hipótese da alínea "i" do art. 482 da CLT, é mister que haja a conjugação de dois elementos: subjetivo, ou o *animus abandonandi*, retratado no desejo do empregado de não mais permanecer no emprego, e o objetivo, consubstanciado na ausência por trinta dias ao serviço. Tendo o Reclamante se ausentado do emprego por vinte dias, desde a notificação de retorno ao trabalho, após a alta médica, não havia ainda configurado o elemento objetivo, pelo que incorreta a dispensa por justa causa em virtude de abandono de emprego. (TRT 3ª Região. 4ª Turma. RO – 00015-2009-103-03-00-5. Relator Convocado Eduardo Aurélio Pereira Ferri. Data: 11.05.2009).

j) Ato lesivo da honra ou da boa fama praticado em serviço contra qualquer pessoa, ou ainda, ofensa física, exceto legítima defesa própria ou de outrem

Este ato se caracteriza quando realizado contra qualquer pessoa no ambiente de trabalho ou a serviço da empresa. Não há necessidade de lesão corporal ou ferimentos, bastam brigas, tapas, empurrões ou até mesmo tentativas.

k) Ato lesivo da honra ou da boa fama ou ofensas físicas praticadas contra o empregador e superiores hierárquicos

Este ato se caracteriza quando realizado contra o empregador e aos superiores hierárquicos no ambiente de trabalho ou a serviço da empresa.

l) Prática constante de jogos de azar

A finalidade do jogo é a obtenção de vantagem sobre a outra pessoa. São tidos como jogos de azar o dominó, bingo, jogos de cartas, jogo do bicho etc. Entende a lei que os viciados em jogos, ou ainda, aqueles que jogam por hábito, colocam em risco o patrimônio do empregador, além da perda de confiança pelo empregador.

m) Atos atentatórios à segurança nacional

São os atos de terrorismo, malversação de coisa pública, organização para a prática atentatória à soberania etc. Trata-se de regra resultante da ditadura militar, sem muita aplicação atualmente. Exige a devida e prévia apuração e comprovação do período.

Além do rol do artigo 482 da CLT, deve-se ater que existem outras situações de justa causa não elencadas neste dispositivo citado:

§ O empregado bancário (artigo 508 da CLT) deverá manter suas contas pagas e quitadas em dia, sob pena de ser caracterizada a justa causa.

§ A não observância das normas de segurança e medicina do trabalho e o uso do equipamento de proteção individual – EPI – (artigo 158, parágrafo único da CLT) caracteriza a justa causa perante o não cumprimento pelo empregado.

§ O único empregado obrigado a fazer horas extras é o ferroviário (artigo 240 da CLT), diante de necessidade em caráter de urgência ou acidente capaz de afetar a segurança ou a regularidade de serviço. Se não fizer as horas extraordinárias, poderá sofrer dispensa por justa causa.

§ O aprendiz poderá ser demitido por justa causa quando da reprovação do curso ou faltas injustificadas (artigo 433, inciso II, da CLT).

§ A declaração falsa ou o uso indevido do vale-transporte constitui justa causa (Decreto n. 95.247/87, artigo 7º, § 3º).

Jurisprudência:

JUSTA CAUSA. IMPROBIDADE. Constitui ato de improbidade o empregado requerer e receber vale--transporte quando ia trabalhar de motocicleta. O ato desonesto do reclamante abala a confiança existente na relação de emprego, além de fazer com que o empregador tenha de pagar parte do vale-transporte. (TRT 2ª Região. 10ª Turma. RO01 – 02458-2002-471-02-00. Relator Sérgio Pinto Martins. Data: 16.11.2004).

Diante da caracterização do justo motivo para o empregador dispensar o empregado, caberá a este o recebimento apenas das verbas adquiridas no decorrer do contrato de trabalho, como o saldo de salário e as férias vencidas, perdendo o direito às verbas rescisórias, assim como de levantar os valores referentes ao FGTS.

"**Art. 484-A.** O contrato de trabalho poderá ser extinto por acordo entre empregado e empregador, caso em que serão devidas as seguintes verbas trabalhistas:

I – por metade:

a) o aviso-prévio, se indenizado; e

b) a indenização sobre o saldo do Fundo de Garantia do Tempo de Serviço, prevista no § 1º do art. 18 da Lei n. 8.036, de 11 de maio de 1990;

II – na integralidade, as demais verbas trabalhistas.

§ 1º A extinção do contrato prevista no *caput* deste artigo permite a movimentação da conta vinculada do trabalhador no Fundo de Garantia do Tempo de Serviço na forma do inciso I-A do art. 20 da Lei n. 8.036, de 11 de maio de 1990, limitada até 80% (oitenta por cento) do valor dos depósitos.

§ 2º A extinção do contrato por acordo prevista no *caput* deste artigo não autoriza o ingresso no Programa de Seguro-Desemprego."

Comentário:

Muitas vezes, o empregado não está satisfeito com o trabalho e não quer efetivar a demissão, por perder muitos direitos rescisórios, assim foi criada essa nova modalidade de dispensa em conjunto.

O empregado fará jus a receber o aviso-prévio, o saque do FGTS em até 80% pelo empregado e não fará jus a receber o seguro-desemprego, mas receberá as demais verbas rescisórias.

"**Art. 507-A.** Nos contratos individuais de trabalho cuja remuneração seja superior a duas vezes o limite máximo estabelecido para os benefícios do Regime Geral de Previdência Social, poderá ser pactuada cláusula compromissória de arbitragem, desde que por iniciativa do empregado ou mediante a sua concordância expressa, nos termos previstos na Lei n. 9.307, de 23 de setembro de 1996."

Comentário:

A arbitragem pode ser pactuada entre as partes, caso o empregado receba mais de duas vezes o valor do teto pago pelo INSS. Devendo haver a concordância expressa desse procedimento.

"**Art. 507-B.** É facultado a empregados e empregadores, na vigência ou não do contrato de emprego, firmar o termo de quitação anual de obrigações trabalhistas, perante o sindicato dos empregados da categoria.

Parágrafo único. O termo discriminará as obrigações de dar e fazer cumpridas mensalmente e dele constará a quitação anual dada pelo empregado, com eficácia liberatória das parcelas nele especificadas."

Comentário:

Um vez que o empregado completar 1 ano de trabalho, poderá ser realizado um acordo perante o sindicato da categoria, dando quitação em todas as verbas descritas nesse acordo.

"TÍTULO IV-A

DA REPRESENTAÇÃO DOS EMPREGADOS

'**Art. 510-A.** Nas empresas com mais de duzentos empregados, é assegurada a eleição de uma comissão para representá-los, com a finalidade de promover-lhes o entendimento direto com os empregadores.

§ 1º A comissão será composta:

I – nas empresas com mais de duzentos e até três mil empregados, por três membros;

II – nas empresas com mais de três mil e até cinco mil empregados, por cinco membros;

III – nas empresas com mais de cinco mil empregados, por sete membros.

§ 2º No caso de a empresa possuir empregados em vários Estados da Federação e no Distrito Federal, será assegurada a eleição de uma comissão de representantes dos empregados por Estado ou no Distrito Federal, na mesma forma estabelecida no § 1º deste artigo.'

'**Art. 510-B.** A comissão de representantes dos empregados terá as seguintes atribuições:

I – representar os empregados perante a administração da empresa;

II – aprimorar o relacionamento entre a empresa e seus empregados com base nos princípios da boa-fé e do respeito mútuo;

III – promover o diálogo e o entendimento no ambiente de trabalho com o fim de prevenir conflitos;

IV – buscar soluções para os conflitos decorrentes da relação de trabalho, de forma rápida e eficaz, visando à efetiva aplicação das normas legais e contratuais;

V – assegurar tratamento justo e imparcial aos empregados, impedindo qualquer forma de discriminação por motivo de sexo, idade, religião, opinião política ou atuação sindical;

VI – encaminhar reivindicações específicas dos empregados de seu âmbito de representação;

VII – acompanhar o cumprimento das leis trabalhistas, previdenciárias e das convenções coletivas e acordos coletivos de trabalho.

§ 1º As decisões da comissão de representantes dos empregados serão sempre colegiadas, observada a maioria simples.

§ 2º A comissão organizará sua atuação de forma **independente**.'

'Art. 510-C. A eleição será convocada, com antecedência mínima de trinta dias, contados do término do mandato anterior, por meio de edital que deverá ser fixado na empresa, com ampla publicidade, para inscrição de candidatura.

§ 1º Será formada comissão eleitoral, integrada por cinco empregados, não candidatos, para a organização e o acompanhamento do processo eleitoral, vedada a interferência da empresa e do sindicato da categoria.

§ 2º Os empregados da empresa poderão candidatar-se, exceto aqueles com contrato de trabalho por prazo determinado, com contrato suspenso ou que estejam em período de aviso-prévio, ainda que indenizado.

§ 3º Serão eleitos membros da comissão de representantes dos empregados os candidatos mais votados, em votação secreta, vedado o voto por representação.

§ 4º A comissão tomará posse no primeiro dia útil seguinte à eleição ou ao término do mandato anterior.

§ 5º Se não houver candidatos suficientes, a comissão de representantes dos empregados poderá ser formada com número de membros inferior ao previsto no art. 510-A desta Consolidação.

§ 6º Se não houver registro de candidatura, será lavrada ata e convocada nova eleição no prazo de um ano.'

'Art. 510-D. O mandato dos membros da comissão de representantes dos empregados será de um ano.

§ 1º O membro que houver exercido a função de representante dos empregados na comissão não poderá ser candidato nos dois períodos subsequentes.

§ 2º O mandato de membro de comissão de representantes dos empregados não implica suspensão ou interrupção do contrato de trabalho, devendo o empregado permanecer no exercício de suas funções.

§ 3º Desde o registro da candidatura até um ano após o fim do mandato, o membro da comissão de representantes dos empregados não poderá sofrer despedida arbitrária, entendendo-se como tal a que não se fundar em motivo disciplinar, técnico, econômico ou financeiro.

§ 4º Os documentos referentes ao processo eleitoral devem ser emitidos em duas vias, as quais permanecerão sob a guarda dos empregados e da empresa pelo prazo de cinco anos, à disposição para consulta de qualquer trabalhador interessado, do Ministério Público do Trabalho e do Ministério do Trabalho.'"

"**Art. 545.** Os empregadores ficam obrigados a descontar da folha de pagamento dos seus empregados, desde que por eles devidamente autorizados, as contribuições devidas ao sindicato, quando por este notificados.

...." (NR)

"**Art. 578**. As contribuições devidas aos sindicatos pelos participantes das categorias econômicas ou profissionais ou das profissões liberais representadas pelas referidas entidades serão, sob a denominação de contribuição sindical, pagas, recolhidas e aplicadas na forma estabelecida neste Capítulo, desde que prévia e expressamente autorizadas." (NR)

"**Art. 579**. O desconto da contribuição sindical está condicionado à autorização prévia e expressa dos que participarem de uma determinada categoria econômica ou profissional, ou de uma profissão liberal, em favor do sindicato representativo da mesma categoria ou profissão ou, inexistindo este, na conformidade do disposto no art. 591 desta Consolidação." (NR)

"**Art. 582**. Os empregadores são obrigados a descontar da folha de pagamento de seus empregados relativa ao mês de março de cada ano a contribuição sindical dos empregados que autorizaram prévia e expressamente o seu recolhimento aos respectivos sindicatos.

...." (NR)

"**Art. 583**. O recolhimento da contribuição sindical referente aos empregados e trabalhadores avulsos será efetuado no mês de abril de cada ano, e o relativo aos agentes ou trabalhadores autônomos e profissionais liberais realizar-se-á no mês de fevereiro, observada a exigência de autorização prévia e expressa prevista no art. 579 desta Consolidação.

...." (NR)

"**Art. 587**. Os empregadores que optarem pelo recolhimento da contribuição sindical deverão fazê-lo no mês de janeiro de cada ano, ou, para os que venham a se estabelecer após o referido mês, na ocasião em que requererem às repartições o registro ou a licença para o exercício da respectiva atividade." (NR)

"**Art. 602**. Os empregados que não estiverem trabalhando no mês destinado ao desconto da contribuição sindical e que venham a autorizar prévia e expressamente o recolhimento serão descontados no primeiro mês subsequente ao do reinício do trabalho.

...." (NR)

"**Art. 611-A**. A convenção coletiva e o acordo coletivo de trabalho têm prevalência sobre a lei quando, entre outros, dispuserem sobre:

I – pacto quanto à jornada de trabalho, observados os limites constitucionais;

II – banco de horas anual;

III – intervalo intrajornada, respeitado o limite mínimo de trinta minutos para jornadas superiores a seis horas;

IV – adesão ao Programa Seguro-Emprego (PSE), de que trata a Lei n. 13.189, de 19 de novembro de 2015;

V – plano de cargos, salários e funções compatíveis com a condição pessoal do empregado, bem como identificação dos cargos que se enquadram como funções de confiança;

VI – regulamento empresarial;

VII – representante dos trabalhadores no local de trabalho;

VIII – teletrabalho, regime de sobreaviso, e trabalho intermitente;

IX – remuneração por produtividade, incluídas as gorjetas percebidas pelo empregado, e remuneração por desempenho individual;

X – modalidade de registro de jornada de trabalho;

XI – troca do dia de feriado;

XII – enquadramento do grau de insalubridade;

XIII – prorrogação de jornada em ambientes insalubres, sem licença prévia das autoridades competentes do Ministério do Trabalho;

XIV – prêmios de incentivo em bens ou serviços, eventualmente concedidos em programas de incentivo;

XV – participação nos lucros ou resultados da empresa.

§ 1º No exame da convenção coletiva ou do acordo coletivo de trabalho, a Justiça do Trabalho observará o disposto no § 3º do art. 8º desta Consolidação.

§ 2º A inexistência de expressa indicação de contrapartidas recíprocas em convenção coletiva ou acordo coletivo de trabalho não ensejará sua nulidade por não caracterizar um vício do negócio jurídico.

§ 3º Se for pactuada cláusula que reduza o salário ou a jornada, a convenção coletiva ou o acordo coletivo de trabalho deverão prever a proteção dos empregados contra dispensa imotivada durante o prazo de vigência do instrumento coletivo.

§ 4º Na hipótese de procedência de ação anulatória de cláusula de convenção coletiva ou de acordo coletivo de trabalho, quando houver a cláusula compensatória, esta deverá ser igualmente anulada, sem repetição do indébito.

§ 5º Os sindicatos subscritores de convenção coletiva ou de acordo coletivo de trabalho deverão participar, como litisconsortes necessários, em ação individual ou coletiva, que tenha como objeto a anulação de cláusulas desses **instrumentos."**

"**Art. 611-B.** Constituem objeto ilícito de convenção coletiva ou de acordo coletivo de trabalho, exclusivamente, a supressão ou a redução dos seguintes direitos:

I – normas de identificação profissional, inclusive as anotações na Carteira de Trabalho e Previdência Social;

II – seguro-desemprego, em caso de desemprego involuntário;

III – valor dos depósitos mensais e da indenização rescisória do Fundo de Garantia do Tempo de Serviço (FGTS);

IV – salário mínimo;

V – valor nominal do décimo terceiro salário;

VI – remuneração do trabalho noturno superior à do diurno;

VII – proteção do salário na forma da lei, constituindo crime sua retenção dolosa;

VIII – salário-família;

IX – repouso semanal remunerado;

X – remuneração do serviço extraordinário superior, no mínimo, em 50% (cinquenta por cento) à do normal;

XI – número de dias de férias devidas ao empregado;

XII – gozo de férias anuais remuneradas com, pelo menos, um terço a mais do que o salário normal;

XIII – licença-maternidade com a duração mínima de cento e vinte dias;

XIV – licença-paternidade nos termos fixados em lei;

XV – proteção do mercado de trabalho da mulher, mediante incentivos específicos, nos termos da lei;

XVI – aviso-prévio proporcional ao tempo de serviço, sendo no mínimo de trinta dias, nos termos da lei;

XVII – normas de saúde, higiene e segurança do trabalho previstas em lei ou em normas regulamentadoras do Ministério do Trabalho;

XVIII – adicional de remuneração para as atividades penosas, insalubres ou perigosas;

XIX – aposentadoria;

XX – seguro contra acidentes de trabalho, a cargo do empregador;

XXI – ação, quanto aos créditos resultantes das relações de trabalho, com prazo prescricional de cinco anos para os trabalhadores urbanos e rurais, até o limite de dois anos após a extinção do contrato de trabalho;

XXII – proibição de qualquer discriminação no tocante a salário e critérios de admissão do trabalhador com deficiência;

XXIII – proibição de trabalho noturno, perigoso ou insalubre a menores de dezoito anos e de qualquer trabalho a menores de dezesseis anos, salvo na condição de aprendiz, a partir de quatorze anos;

XXIV – medidas de proteção legal de crianças e adolescentes;

XXV – igualdade de direitos entre o trabalhador com vínculo empregatício permanente e o trabalhador avulso;

XXVI – liberdade de associação profissional ou sindical do trabalhador, inclusive o direito de não sofrer, sem sua expressa e prévia anuência, qualquer cobrança ou desconto salarial estabelecidos em convenção coletiva ou acordo coletivo de trabalho;

XXVII – direito de greve, competindo aos trabalhadores decidir sobre a oportunidade de exercê-lo e sobre os interesses que devam por meio dele defender;

XXVIII – definição legal sobre os serviços ou atividades essenciais e disposições legais sobre o atendimento das necessidades inadiáveis da comunidade em caso de greve;

XXIX – tributos e outros créditos de terceiros;

XXX – as disposições previstas nos arts. 373-A, 390, 392, 392-A, 394, 394-A, 395, 396 e 400 desta Consolidação.

Parágrafo único. Regras sobre duração do trabalho e intervalos não são consideradas como normas de saúde, higiene e segurança do trabalho para os fins do disposto neste artigo."

"Art. 614. ....

....

§ 3º Não será permitido estipular duração de convenção coletiva ou acordo coletivo de trabalho superior a dois anos, sendo vedada a ultratividade." (NR)

"Art. 620. As condições estabelecidas em acordo coletivo de trabalho sempre prevalecerão sobre as estipuladas em convenção coletiva de trabalho." (NR)

"Art. 634. ....

§ 1º ....

§ 2º Os valores das multas administrativas expressos em moeda corrente serão reajustados anualmente pela Taxa Referencial (TR), divulgada pelo Banco Central do Brasil, ou pelo índice que vier a substituí-lo." (NR)

Comentário:

Verifica-se que os direitos constitucionais trabalhistas do artigo 7º estão assegurados, sendo nulas de pleno direito qualquer alteração constante em seu texto.

PROCESSO DO TRABALHO

"Art. 652. Compete às Varas do Trabalho:

....

f) decidir quanto à homologação de acordo extrajudicial em matéria de competência da Justiça do Trabalho.

...." (NR)

Comentário:

Verifica-se que a justiça do trabalho poderá homologar acordos extrajudiciais dentro da matéria trabalhista.

"Art. 702. ....

I – ....

....

f) estabelecer ou alterar súmulas e outros enunciados de jurisprudência uniforme, pelo voto de pelo menos dois terços de seus membros, caso a mesma matéria já tenha sido decidida de forma idêntica por unanimidade em, no mínimo, dois terços das turmas em pelo menos dez sessões diferentes em cada uma delas, podendo, ainda, por maioria de dois terços de seus membros, restringir os efeitos daquela declaração ou decidir que ela só tenha eficácia a partir de sua publicação no Diário Oficial;

....

§ 3º As sessões de julgamento sobre estabelecimento ou alteração de súmulas e outros enunciados de jurisprudência deverão ser públicas, divulgadas com, no mínimo, trinta dias de antecedência, e deverão possibilitar a sustentação oral pelo Procurador-Geral do Trabalho, pelo Conselho Federal da Ordem dos Advogados do Brasil, pelo Advogado-Geral da União e por confederações sindicais ou entidades de classe de âmbito nacional.

§ 4º O estabelecimento ou a alteração de súmulas e outros enunciados de jurisprudência pelos Tribunais Regionais do Trabalho deverão observar o disposto na alínea *f* do inciso I e no § 3º deste artigo, com rol equivalente de legitimados para sustentação oral, observada a abrangência de sua circunscrição judiciária." (NR)

"**Art. 775.** Os prazos estabelecidos neste Título serão contados em dias úteis, com exclusão do dia do começo e inclusão do dia do vencimento.

§ 1º Os prazos podem ser prorrogados, pelo tempo estritamente necessário, nas seguintes hipóteses:

I – quando o juízo entender necessário;

II – em virtude de força maior, devidamente comprovada.

§ 2º Ao juízo incumbe dilatar os prazos processuais e alterar a ordem de produção dos meios de prova, adequando-os às necessidades do conflito de modo a conferir maior efetividade à tutela do direito." (NR)

Comentários:

A mudança sobre prazos é que os mesmos terão a contagem em dias úteis.

Prazo processual é o lapso temporal para a prática de um ato processual.

Os prazos processuais podem ser classificados de múltiplas maneiras, podem ser comuns, particulares, para ambas as partes, para somente uma parte.

No caso ora em estudo vamos mencionar a classificação desses prazos da seguinte forma:

a) Prazos legais – estabelecidos por lei, por exemplo, prazos para recurso têm seu prazo inserido na Consolidação das Leis do Trabalho;

b) Prazos judiciais – determinados pelo magistrado;

c) Prazos convencionais – estabelecido em decorrência de acordo entre as partes, estas pretendem a suspensão do processo, conforme o artigo 265, inciso II, do Código de Processo Civil, na tentativa de acordo;

d) Prazos dilatórios – aqueles que admitem prorrogação pelo juiz a pedido das partes, porém somente pode ser prorrogado antes do termo final, caso contrário, haveria a preclusão.

"**Art. 789.** Nos dissídios individuais e nos dissídios coletivos do trabalho, nas ações e procedimentos de competência da Justiça do Trabalho, bem como nas demandas propostas perante a Justiça Estadual, no exercício da jurisdição trabalhista, as custas relativas ao processo de conhecimento incidirão à base de 2% (dois por cento), observado o mínimo de R$ 10,64 (dez reais e sessenta e quatro centavos) e o máximo de quatro vezes o limite máximo dos benefícios do Regime Geral de Previdência Social, e serão calculadas:

...." (NR)

Custas – Com relação as custas, essas serão sempre pagas pela parte sucumbente, ou seja, vencida, em regra somente após o trânsito em julgado, calculadas no importe de 2%, sobre o acordo ou condenação; extinção, improcedência, ação declaratória e constitutiva sobre o valor da causa, ou quando o valor for indeterminado sobre o que o juiz fixar.

Todavia, quando da interposição do recurso, as referidas custas devem ser recolhidas e a parte tem o dever de comprovar o pagamento, dentro do prazo recursal, assim disciplina o art. 789, § 1º, da CLT, sob pena de deserção.

Importante observar que o empregado, quando ajuíza a reclamação trabalhista, será responsável pelo pagamento das custas, nos casos de extinção sem resolução de mérito ou improcedência da ação, ressalvados os casos onde o empregado é beneficiário da Justiça Gratuita art. 790, § 3º da CLT.

Ficam isentas de recolhimento das custas a União, os Estados, o Distrito Federal, os Municípios, Autarquias, Fundações Públicas, federais, estaduais ou municipais, desde que não explorem atividade econômica, art. 790-A da CLT, incluindo nessa relação o Ministério Público do Trabalho.

Oportuno dizer que as empresas públicas e sociedades de economia mista, não estão isentas, uma vez que possuem regime jurídico próprio de empresas privadas, assim disposto no art. 173, § 1º, da CF.

Ainda, com relação as custas, devidas em fase de execução, utilizamos o art. 789-A da CLT, onde nitidamente determina o pagamento das mesmas, sempre ao final do processo.

AGRAVO DE INSTRUMENTO INTERPOSTO PELA AUTORA. AUSÊNCIA DE RECOLHIMENTO DAS CUSTAS PROCESSUAIS. O pagamento das custas processuais constitui-se em pressuposto de admissibilidade do recurso ordinário. Agravo de instrumento desprovido. (TRT – 4ª Região – Proc. 00675-2007-571-04-00-0 – AI – Rel. BERENICE MESSIAS CORRÊA – 06.11.2008).

JUSTIÇA GRATUITA. ISENÇÃO DAS CUSTAS PROCESSUAIS. NÃO-CONCESSÃO. Conquanto se presuma o estado de miserabilidade do trabalhador-demandante mediante simples declaração, inclusive lançada na petição inicial ou em outra petição, por parte de seu procurador (art. 790, § 3º, da CLT), essa presunção é apenas relativa e pode ser elidida por elementos de prova em sentido contrário. Não se reconhece o direito aos benefícios da justiça gratuita nas hipóteses em que a declaração de hipossuficiência econômica é incompatível com o contexto fático extraído dos autos. (TRT-PR-00999-2006-513-09-00-9- Ac- 32436-2008 – 3ª. T – Rel. PAULO RICARDO POZZOLO – 05.09.2008).

MUNICÍPIO. ISENÇÃO DE CUSTAS PROCESSUAIS. LEI N. 10.537-2002. APLICAÇÃO IMEDIATA. Com a edição da Lei n. 10.537-2002, que alterou os artigos 789 e 790 da CLT sobre custas e emolumentos na Justiça do Trabalho, e que acrescentou os artigos 789-A, 789-B, 790-A e 790-B, os Municípios, assim como a União, os Estados, o Distrito Federal e respectivas autarquias e fundações públicas federais, estaduais ou municipais que não explorem atividade econômica, passaram a ser isentos do pagamento das custas processuais (art. 790-A da CLT). A aplicabilidade instantânea do citado dispositivo legal é possível em virtude de que o efeito imediato de aplicação da lei opera-se em situações em curso à época do surgimento da nova lei, ou ainda, não consumados no referido instante, ante o Princípio da Retroação Benéfica (art. 6º da L.I.C.C). Remessa de ofício a que se dá provimento. (TRT-PR-03698-2002-513-09-00-3- Ac -03084-2004 Rel. UBIRAJARA CARLOS MENDES – 06.02.2004).

JUSTIÇA GRATUITA. ISENÇÃO DE CUSTAS PARA RECORRER. Os benefícios da Justiça gratuita, nesta Justiça Especializada, não se aplicam apenas nas hipóteses em que o empregado está assistido pelo sindicato de sua categoria profissional, sendo suficiente a alegação incontestada, em qualquer tempo ou grau de jurisdição, a teor da Orientação Jurisprudencial n. 269 da SBDI I do C. TST, do estado de miserabilidade jurídica do trabalhador (Lei n. 1.060-50). Persistindo, pois, em recurso, alegação de insuficiência econômica não desconstituída, deve ser deferido o benefício da justiça gratuita com isenção e custas. Exegese do art. 4º, da Lei n. 1.060-50, com as alterações da Lei n. 7.510-86. (TRT-PR-03466-2003-662-09-00-4- Ac – 24331-2005 – Rel. UBIRAJARA CARLOS MENDES – 27.09.2005).

"Art. 790. ....

....

§ 3º É facultado aos juízes, órgãos julgadores e presidentes dos tribunais do trabalho de qualquer instância conceder, a requerimento ou de ofício, o benefício da justiça gratuita, inclusive quanto a traslados e instrumentos, àqueles que perceberem salário igual ou inferior a 40% (quarenta por cento) do limite máximo dos benefícios do Regime Geral de Previdência Social.

§ 4º O benefício da justiça gratuita será concedido à parte que comprovar insuficiência de recursos para o pagamento das custas do processo." (NR)

"Art. 790-B. A responsabilidade pelo pagamento dos honorários periciais é da parte sucumbente na pretensão objeto da perícia, ainda que beneficiária da justiça gratuita.

§ 1º Ao fixar o valor dos honorários periciais, o juízo deverá respeitar o limite máximo estabelecido pelo Conselho Superior da Justiça do Trabalho.

§ 2º O juízo poderá deferir parcelamento dos honorários periciais.

§ 3º O juízo não poderá exigir adiantamento de valores para realização de perícias.

§ 4º Somente no caso em que o beneficiário da justiça gratuita não tenha obtido em juízo créditos capazes de suportar a despesa referida no *caput*, ainda que em outro processo, a União responderá pelo encargo." (NR)

Comentários:

Sobre os honorários do perito, são devidos mesmo quando a parte perdedora for beneficiária da gratuidade da justiça, somente será repassado se, por ventura, não conseguir ter condições de pagamento.

"Art. 791-A. Ao advogado, ainda que atue em causa própria, serão devidos honorários de sucumbência, fixados entre o mínimo de 5% (cinco por cento) e o máximo de 15% (quinze por cento) sobre o valor que resultar da liquidação da sentença, do proveito econômico obtido ou, não sendo possível mensurá-lo, sobre o valor atualizado da causa.

§ 1º Os honorários são devidos também nas ações contra a Fazenda Pública e nas ações em que a parte estiver assistida ou substituída pelo sindicato de sua categoria.

§ 2º Ao fixar os honorários, o juízo observará:

I – o grau de zelo do profissional;

II – o lugar de prestação do serviço;

III – a natureza e a importância da causa;

IV – o trabalho realizado pelo advogado e o tempo exigido para o seu serviço.

§ 3º Na hipótese de procedência parcial, o juízo arbitrará honorários de sucumbência recíproca, vedada a compensação entre os honorários.

§ 4º Vencido o beneficiário da justiça gratuita, desde que não tenha obtido em juízo, ainda que em outro processo, créditos capazes de suportar a despesa, as obrigações decorrentes de sua sucumbência ficarão sob condição suspensiva de exigibilidade e somente poderão ser executadas se, nos dois anos subsequentes ao trânsito em julgado da decisão que as certificou, o credor demonstrar que deixou de existir a situação de insuficiência de recursos que justificou a concessão de gratuidade, extinguindo-se, passado esse prazo, tais obrigações do beneficiário.

§ 5º São devidos honorários de sucumbência na reconvenção."

Comentários:

Finalmente na área trabalhista os honorários de sucumbência são devidos, tendo em vista o zelo profissional e o trabalho do advogado. Com certeza ocorrerá um acrescimento nos valores dos advogados.

"TÍTULO X

....

CAPÍTULO II

....

Seção IV-A

Da Responsabilidade por Dano Processual

'Art. 793-A. Responde por perdas e danos aquele que litigar de má-fé como reclamante, reclamado ou interveniente.'

'Art. 793-B. Considera-se litigante de má-fé aquele que:

I – deduzir pretensão ou defesa contra texto expresso de lei ou fato incontroverso;

II – alterar a verdade dos fatos;

III – usar do processo para conseguir objetivo ilegal;

IV – opuser resistência injustificada ao andamento do processo;

V – proceder de modo temerário em qualquer incidente ou ato do processo;

VI – provocar incidente manifestamente infundado;

VII – interpuser recurso com intuito manifestamente protelatório.'

'**Art. 793-C**. De ofício ou a requerimento, o juízo condenará o litigante de má-fé a pagar multa, que deverá ser superior a 1% (um por cento) e inferior a 10% (dez por cento) do valor corrigido da causa, a indenizar a parte contrária pelos prejuízos que esta sofreu e a arcar com os honorários advocatícios e com todas as despesas que efetuou.

§ 1º Quando forem dois ou mais os litigantes de má-fé, o juízo condenará cada um na proporção de seu respectivo interesse na causa ou solidariamente aqueles que se coligaram para lesar a parte contrária.

§ 2º Quando o valor da causa for irrisório ou inestimável, a multa poderá ser fixada em até duas vezes o limite máximo dos benefícios do Regime Geral de Previdência Social.

§ 3º O valor da indenização será fixado pelo juízo ou, caso não seja possível mensurá-lo, liquidado por arbitramento ou pelo procedimento comum, nos próprios autos.'

'**Art. 793-D**. Aplica-se a multa prevista no art. 793-C desta Consolidação à testemunha que intencionalmente alterar a verdade dos fatos ou omitir fatos essenciais ao julgamento da causa.

Parágrafo único. A execução da multa prevista neste artigo dar-se-á nos mesmos autos.'"

Comentários:

Nos moldes do CPC, aplica-se a multa de 1 a 10% sobre o valor da causa, quando houver a litigância de má-fé.

"**Art. 800.** Apresentada exceção de incompetência territorial no prazo de cinco dias a contar da notificação, antes da audiência e em peça que sinalize a existência desta exceção, seguir-se-á o procedimento estabelecido neste artigo.

§ 1º Protocolada a petição, será suspenso o processo e não se realizará a audiência a que se refere o art. 843 desta Consolidação até que se decida a exceção.

§ 2º Os autos serão imediatamente conclusos ao juiz, que intimará o reclamante e, se existentes, os litisconsortes, para manifestação no prazo comum de cinco dias.

§ 3º Se entender necessária a produção de prova oral, o juízo designará audiência, garantindo o direito de o excipiente e de suas testemunhas serem ouvidos, por carta precatória, no juízo que este houver indicado como competente.

§ 4º Decidida a exceção de incompetência territorial, o processo retomará seu curso, com a designação de audiência, a apresentação de defesa e a instrução processual perante o juízo competente." (NR)

Comentário:

Uma vez apresentada a exceção, será suspenso o processo e o juiz tomará a decisão pertinente.

"**Art. 818.** O ônus da prova incumbe:

I – ao reclamante, quanto ao fato constitutivo de seu direito;

II – ao reclamado, quanto à existência de fato impeditivo, modificativo ou extintivo do direito do reclamante.

§ 1º Nos casos previstos em lei ou diante de peculiaridades da causa relacionadas à impossibilidade ou à excessiva dificuldade de cumprir o encargo nos termos deste artigo ou à maior facilidade de obtenção da prova do fato contrário, poderá o juízo atribuir o ônus da prova de modo diverso, desde que o faça por decisão fundamentada, caso em que deverá dar à parte a oportunidade de se desincumbir do ônus que lhe foi atribuído.

§ 2º A decisão referida no § 1º deste artigo deverá ser proferida antes da abertura da instrução e, a requerimento da parte, implicará o adiamento da audiência e possibilitará provar os fatos por qualquer meio em direito admitido.

§ 3º A decisão referida no § 1º deste artigo não pode gerar situação em que a desincumbência do encargo pela parte seja impossível ou excessivamente difícil." (NR)

Comentário:

Sobre as provas, no direito processual do trabalho, importante salientar que o Juiz poderá alterar o ônus da prova, distribuindo a mesma de forma diversa entre as partes.

Conjunto dos meios empregados para demonstrar a existência de um ato jurídico ou a demonstração da verdade de um fato, controvertido, relevante para a solução do litígio.

Objeto das provas – De regra provam-se os fatos não o direito. O direito o juiz conhece é a aplicação do apótema latino *da mihi factum, dabo tibi jus*. Excepcionalmente determina a lei que a parte deverá provar não só o fato mas também o direito. A parte que alegar direito estadual, municipal, estrangeiro ou consuetudinário deverá fazer prova de seu teor e sua vigência, se o juiz assim exigir. O mesmo se dá com as Convenções Coletivas de Trabalho, Acordos Coletivos de Trabalho e regulamento de empresa. No entanto, tratando-se de direito federal há uma presunção absoluta que o juiz o conhece.

O artigo 818 da Consolidação das Leis do trabalho estabelece que no processo do trabalho a prova das alegações incumbe a parte que as fizer.

Em algumas situações a jurisprudência, altera essa regra. Ex: Jornada de trabalho – Súmula 338. É ônus do empregador que conta com mais de 10 empregados o registro da jornada de trabalho na forma do artigo 74 da CLT. A não apresentação injustificada dos controles de freqüência gera presunção relativa de veracidade da jornada de trabalho declinada pelo que pode ser elidida por prova em contrário.

No que diz respeito a existência da relação de emprego, admitida pela reclamada, a prestação de serviços, é desta o ônus de provar que a relação havida não era de emprego.

Ainda a Súmula 212 do TST estabelece que o ônus de provar o término da relação de emprego, quando negados a prestação de serviços e o despedimento é do empregador, em vista do princípio da continuidade da relação de emprego.

Também o Código de Defesa do Consumidor consagra a inversão do ônus da prova, como um direito do consumidor, com a finalidade de facilitar a defesa e seus direitos, quando, a critério do juiz, for verossímil a alegação ou quando for ele hipossuficiente segundo as regras ordinárias de experiência.

Nosso ordenamento jurídico adota o sistema da livre persuasão racional, ou seja o juiz tem liberdade de avaliação da prova, não está vinculado a valores probatórios pré-estabelecidos (sistema da prova legal); mas sua liberdade não é total: não está livre para julgar sem provas ou contra as provas dos autos; devendo sempre motivar suas decisões.

Princípios em matéria de provas:

a) Princípio do contraditório: artigo 5º inciso LV – apresentada a prova em juízo a parte contrária deve Ter o direito de sobre ela se manifestar;

b) Princípio da Igualdade de oportunidade de prova: autor e réu devem ter igual oportunidade de produzir provas no momento processual adequado a isso.

c) princípio do livre convencimento motivado (ou persuasão racional): o juiz aprecia livremente as provas produzidas em juízo, mas deve dar as razões de seu convencimento quando da sentença; artigos 765 da CLT e 131 do CPC.

d) princípio da oralidade: as provas devem ser realizadas, preferencialmente, na audiência de instrução e julgamento; artigos 845,848,852 H etc.

e) princípio da identidade física do juiz – o juiz que inicia a colheita da prova deve terminá-la e proferir a sentença. Este princípio não era aplicável ao processo do trabalho quando o julgamento era realizado por colegiados (Vara do Trabalho que ainda funcionasse como órgão colegiado ou nas antigas Juntas de Conciliação). Hoje, aplica-se na JT de primeira instância.

f) Princípio da aquisição processual ou da comunhão da prova – trazida a prova a juízo ela passa a pertencer ao processo, não mais podendo ser extraída ou desconsiderada, pouco importando saber quem a produziu. Assim, o reclamante ou o reclamado não podem, por exemplo, pedir que seja desconsiderado determinado testemunho de autoria de testemunha por eles trazida a juízo sob o argumento que depôs contra quem a trouxe.

g) Princípio da unidade da prova – a prova deve ser examinada no seu conjunto e não de forma isolada.

h) Princípio da Proibição da prova obtida por meio ilícito – são inadmissíveis as provas obtidas por meio ilícito. No entanto, em algumas situações, este princípio é abrandado utilizando-se o princípio da proporcionalidade. Ex: assédio sexual.

Prova de Fato Negativo – durante muito tempo entendia-se ser dispensável a prova de prova de fato negativo, sob a alegação de que o ônus da prova era de quem os afirmava. No entanto, quando a negativa resulta em uma afirmação, impõe-se a obrigação de quem alega o fato ter que prová-lo. Ex: empregador ao alegar que não dispensou o empregado, está implicitamente alegando abandono de emprego.

"Art. 840. ....

§ 1º Sendo escrita, a reclamação deverá conter a designação do juízo, a qualificação das partes, a breve exposição dos fatos de que resulte o dissídio, o pedido, que deverá ser certo, determinado e com indicação de seu valor, a data e a assinatura do reclamante ou de seu representante.

§ 2º Se verbal, a reclamação será reduzida a termo, em duas vias datadas e assinadas pelo escrivão ou secretário, observado, no que couber, o disposto no § 1º deste artigo.

§ 3º Os pedidos que não atendam ao disposto no § 1º deste artigo serão julgados extintos sem resolução do mérito." (NR)

"Art. 841. ....

....

§ 3º Oferecida a contestação, ainda que eletronicamente, o reclamante não poderá, sem o consentimento do reclamado, desistir da ação." (NR)

"Art. 843. ....

....

§ 3º O preposto a que se refere o § 1º deste artigo não precisa ser empregado da parte reclamada." (NR)

"**Art. 844.** ....

§ 1º Ocorrendo motivo relevante, poderá o juiz suspender o julgamento, designando nova audiência.

§ 2º Na hipótese de ausência do reclamante, este será condenado ao pagamento das custas calculadas na forma do art. 789 desta Consolidação, ainda que beneficiário da justiça gratuita, salvo se comprovar, no prazo de quinze dias, que a ausência ocorreu por motivo legalmente justificável.

§ 3º O pagamento das custas a que se refere o § 2º é condição para a propositura de nova demanda.

§ 4º A revelia não produz o efeito mencionado no *caput* deste artigo se:

I – havendo pluralidade de reclamados, algum deles contestar a ação;

II – o litígio versar sobre direitos indisponíveis;

III – a petição inicial não estiver acompanhada de instrumento que a lei considere indispensável à prova do ato;

IV – as alegações de fato formuladas pelo reclamante forem inverossímeis ou estiverem em contradição com prova constante dos autos.

§ 5º Ainda que ausente o reclamado, presente o advogado na audiência, serão aceitos a contestação e os documentos eventualmente **apresentados.**"(NR)

"**Art. 847.** ....

Parágrafo único. A parte poderá apresentar defesa escrita pelo sistema de processo judicial eletrônico até a audiência." (NR)

Comentário:

Sobre a reclamação trabalhista, temos que fazer alguns apontamentos.

"TÍTULO X

....

CAPÍTULO III

....

Seção IV

Do Incidente de Desconsideração da Personalidade Jurídica

'Art. 855-A. Aplica-se ao processo do trabalho o incidente de desconsideração da personalidade jurídica previsto nos arts. 133 a 137 da Lei n. 13.105, de 16 de março de 2015 – Código de Processo Civil.

§ 1º Da decisão interlocutória que acolher ou rejeitar o incidente:

I – na fase de cognição, não cabe recurso de imediato, na forma do § 1º do art. 893 desta Consolidação;

II – na fase de execução, cabe agravo de petição, independentemente de garantia do juízo;

III – cabe agravo interno se proferida pelo relator em incidente instaurado originariamente no tribunal.

§ 2º A instauração do incidente suspenderá o processo, sem prejuízo de concessão da tutela de urgência de natureza cautelar de que trata o art. 301 da Lei n. 13.105, de 16 de março de 2015 (Código de Processo Civil).'

Comentário:

A CLT inova nas relações de trabalho, e determina na lei a possibilidade do patrimônio dos sócios, pessoas físicas, responderem pelos débitos da empresa.

CAPÍTULO III-A

DO PROCESSO DE JURISDIÇÃO VOLUNTÁRIA

PARA HOMOLOGAÇÃO DE ACORDO EXTRAJUDICIAL

'Art. 855-B. O processo de homologação de acordo extrajudicial terá início por petição conjunta, sendo obrigatória a representação das partes por advogado.

§ 1º As partes não poderão ser representadas por advogado comum.

§ 2º Faculta-se ao trabalhador ser assistido pelo advogado do sindicato de sua categoria.'

'Art. 855-C. O disposto neste Capítulo não prejudica o prazo estabelecido no § 6º do art. 477 desta Consolidação e não afasta a aplicação da multa prevista no § 8º art. 477 desta Consolidação.'

'Art. 855-D. No prazo de quinze dias a contar da distribuição da petição, o juiz analisará o acordo, designará audiência se entender necessário e proferirá sentença.'

'Art. 855-E. A petição de homologação de acordo extrajudicial suspende o prazo prescricional da ação quanto aos direitos nela especificados.

Parágrafo único. O prazo prescricional voltará a fluir no dia útil seguinte ao do trânsito em julgado da decisão que negar a homologação do acordo.'"

Comentário:

Existe a possibilidade de firmar acordos extrajudiciais, com o escopo de pôr fim nas relações de trabalho, nos termos acertados nesse acordo e deferido pelo Juiz do trabalho.

"Art. 876. ....

Parágrafo único. A Justiça do Trabalho executará, de ofício, as contribuições sociais previstas na alínea *a* do inciso I e no inciso II do *caput* do art. 195 da Constituição Federal, e seus acréscimos legais, relativas ao objeto da condenação constante das sentenças que proferir e dos acordos que homologar." (NR)

"Art. 878. A execução será promovida pelas partes, permitida a execução de ofício pelo juiz ou pelo Presidente do Tribunal apenas nos casos em que as partes não estiverem representadas por advogado.

Parágrafo único. (Revogado)." (NR)

"Art. 879. ....

....

§ 2º Elaborada a conta e tornada líquida, o juízo deverá abrir às partes prazo comum de oito dias para impugnação fundamentada com a indicação dos itens e valores objeto da discordância, sob pena de preclusão.

....

§ 7º A atualização dos créditos decorrentes de condenação judicial será feita pela Taxa Referencial (TR), divulgada pelo Banco Central do Brasil, conforme a Lei n. 8.177, de 1º de março de 1991." (NR)

"Art. 882. O executado que não pagar a importância reclamada poderá garantir a execução mediante depósito da quantia correspondente, atualizada e acrescida das despesas processuais, apresentação de seguro-garantia judicial ou nomeação de bens à penhora, observada a ordem preferencial estabelecida no art. 835 da Lei n. 13.105, de 16 de março de 2015 – Código de Processo Civil." (NR)

"Art. 883-A. A decisão judicial transitada em julgado somente poderá ser levada a protesto, gerar inscrição do nome do executado em órgãos de proteção ao crédito ou no Banco Nacional de Devedores Trabalhistas (BNDT), nos termos da lei, depois de transcorrido o prazo de quarenta e cinco dias a contar da citação do executado, se não houver garantia do juízo."

"Art. 884. ....

....

§ 6º A exigência da garantia ou penhora não se aplica às entidades filantrópicas e/ou àqueles que compõem ou compuseram a diretoria dessas instituições." (NR)

"Art. 896. ....

....

§ 1º-A. ....

....

IV – transcrever na peça recursal, no caso de suscitar preliminar de nulidade de julgado por negativa de prestação jurisdicional, o trecho dos embargos declaratórios em que foi pedido o pronunciamento do tribunal sobre questão veiculada no recurso ordinário e o trecho da decisão regional que rejeitou os embargos quanto ao pedido, para cotejo e verificação, de plano, da ocorrência da omissão.

....

§ 3º (Revogado).

§ 4º (Revogado).

§ 5º (Revogado).

§ 6º (Revogado).

....

§ 14. O relator do recurso de revista poderá denegar-lhe seguimento, em decisão monocrática, nas hipóteses de intempestividade, deserção, irregularidade de representação ou de ausência de qualquer outro pressuposto extrínseco ou intrínseco de admissibilidade." (NR)

"Art. 896-A. ....

§ 1º São indicadores de transcendência, entre outros:

I – econômica, o elevado valor da causa;

II – política, o desrespeito da instância recorrida à jurisprudência sumulada do Tribunal Superior do Trabalho ou do Supremo Tribunal Federal;

III – social, a postulação, por reclamante-recorrente, de direito social constitucionalmente assegurado;

IV – jurídica, a existência de questão nova em torno da interpretação da legislação trabalhista.

§ 2º Poderá o relator, monocraticamente, denegar seguimento ao recurso de revista que não demonstrar transcendência, cabendo agravo desta decisão para o colegiado.

§ 3º Em relação ao recurso que o relator considerou não ter transcendência, o recorrente poderá realizar sustentação oral sobre a questão da transcendência, durante cinco minutos em sessão.

§ 4º Mantido o voto do relator quanto à não transcendência do recurso, será lavrado acórdão com fundamentação sucinta, que constituirá decisão irrecorrível no âmbito do tribunal.

§ 5º É irrecorrível a decisão monocrática do relator que, em agravo de instrumento em recurso de revista, considerar ausente a transcendência da matéria.

§ 6º O juízo de admissibilidade do recurso de revista exercido pela Presidência dos Tribunais Regionais do Trabalho limita-se à análise dos pressupostos intrínsecos e extrínsecos do apelo, não abrangendo o critério da transcendência das questões nele veiculadas." (NR)

"Art. 899. ....

....

§ 4º O depósito recursal será feito em conta vinculada ao juízo e corrigido com os mesmos índices da poupança.

§ 5º (Revogado).

....

§ 9º O valor do depósito recursal será reduzido pela metade para entidades sem fins lucrativos, empregadores domésticos, microempreendedores individuais, microempresas e empresas de pequeno porte.

§ 10º São isentos do depósito recursal os beneficiários da justiça gratuita, as entidades filantrópicas e as empresas em recuperação judicial.

§ 11º O depósito recursal poderá ser substituído por fiança bancária ou seguro garantia judicial." (NR)

Comentários:

O novo CPC, em vigor desde março de 2016, dentre muitas alterações e inovações, trouxe para a seara processual, a tendência do processo contemporâneo chamada de "neoprocessualismo".

O "neoprocessualismo" consiste em interpretar e aplicar o regramento processual sob a ótica da CF, em especial da efetividade às garantias constitucionais do jurisdicionado em uma demanda processual.

A partir de então, as garantias constitucionais como o devido processo legal, direito à ampla defesa com todos recursos inerentes, duração razoável do processo, direito de petição e outras, antes previstas no texto constitucional, passam a ser positivadas no novo CPC.

Com base nessas singelas considerações, abordaremos alguns reflexos do NCPC na execução trabalhista, que devem ser analisados sob o ângulo do constitucionalismo processual.

Logo após a entrada em vigor do NCPC, o TST editou a IN 39/16, com o intuito de dar segurança jurídica ao jurisdicionado e aos aplicadores do direito.

É obvio que a referida Instrução Normativa não conseguiu de forma plena exaurir todos os dispositivos do NCPC, fixando em linhas gerais os artigos não aplicáveis ao Processo do Trabalho e os aplicáveis diante da omissão e compatibilidade com as normas do Direito do Trabalho.

Quanto a execução trabalhista, a IN 39/16 estabeleceu a aplicação do artigo 805 e seu parágrafo único, que trata da obrigação do executado de indicar outros meios mais eficientes e menos onerosos para promover a execução. Assim, caberá ao executado ao alegar que o meio executivo é oneroso, indicar outro meio menos oneroso e mais eficiente para que se efetive a execução. Desta forma, afasta-se do procedimento de execução requerimentos irresponsáveis, alcançando a efetividade da execução, como também, a garantia constitucional da duração razoável do processo.

No que concerne ao instituto da Fraude à Execução, prevista no art. 792 do NCPC e aplicável ao Execução Trabalhista, permanece a condição de haver no registro do bem alienado a averbação da pendência de processo de execução ou de hipoteca judicial e constrição. Contudo, a inovação diz respeito aos bens que, em razão de suas características, não são sujeitos a registro, como o caso de bens semoventes. Assim, nesses casos, caberá ao terceiro adquirente comprovar que agiu de boa-fé, por meios objetivos, demostrando seu desconhecimento sobre a execução, invertendo-se o ônus, que antes cabia ao credor comprovar a má-fé do terceiro adquirente.

Inovou-se, também, a ordem preferencial de bens a serem penhorados, preservando em primeiro lugar no rol de bens, a penhora em dinheiro e acrescentou a essa relação, a penhora de bens semoventes e direitos aquisitivos derivados da promessa de compra e venda ou de alienação fiduciária. A ordem de bens a serem penhorados pode ser alterada pelo magistrado a depender do caso em questão. Fato é que a nova ordem de bens penhoráveis arrola primeiramente bens de maior liquidez a fim de garantir ao jurisdicionado celeridade no trâmite da execução, uma vez que esses bens dispensam o procedimento burocrático dos atos de expropriação.

A IN 39/16 conferiu aplicabilidade do artigo 854 §1º e 2º, que regulamenta a penhora *on-line* chamada de BACENJUD, à Execução Trabalhista. O referido artigo dispõe que a indisponibilidade dos valores será concedida em 24 horas e sem o conhecimento do executado. Somente após a indisponibilidade, o executado será informado da penhora *on-line* para se manifestar. Com exceção do prazo do executado para se manifestar sobre a penhora, todos os outros prazos concernentes a penhora *on-line* (BACENJUD) ocorrerão em 24 horas, haja vista, as garantias constitucionais de celeridade e efetividade do processo judicial.

Há ainda outros dispositivos fixados pela Instrução Normativa que devem ser aplicados ao Processo do Trabalho, em especial à execução trabalhista. A título de exemplo, estão o artigo 916, que trata do parcelamento do crédito exequendo, o artigo 918 que regulamenta a rejeição dos embargos à execução, dentre outros.

Contudo, é importante salientar o artigo 6º da IN 39/16, que estabelece a aplicação no Processo do Trabalho do Incidente de Desconsideração da Personalidade Jurídica regulamentado no novo CPC, precisamente nos artigos 133 a 137.

A desconsideração da personalidade jurídica, em suma, visa satisfazer o direito do terceiro lesado, nos casos de fraude, atos ilícitos e abusos cometidos pela pessoa jurídica, assim sendo, na ocorrência de tais situações, os sócios responderão com seus bens particulares pelo dano causado a terceiro.

O NCPC inovou ao regulamentar o procedimento do incidente de desconsideração da personalidade jurídica, antes previstos no CDC e CC.

Agora, o NCPC dispõe, além de outras peculiaridades, que o pedido de desconsideração deve ser formulado por petição fundamentada nos requisitos legais e documento probatório e poderá ser formulado tanto na fase de conhecimento quanto na de execução. Em seguida, os sócios serão citados para manifestar e produzir provas, tendo em vista a garantia constitucional processual do contraditório.

Na Justiça do Trabalho, o incidente de desconsideração da pessoa jurídica é aplicado na maioria das vezes pelo simples fato de não localizar bens penhoráveis do executado, não oferecendo a este o direito de se defender, violando as garantias constitucionais referidas acima.

Com a regulamentação e aplicação do NCPC, a desconsideração de pessoa jurídica no Processo do Trabalho divide opiniões, uma vez que, para alguns, essa regulamentação fere o princípio da celeridade da Justiça do trabalho ao determinar o contraditório para os sócios e ao estabelecer um procedimento próprio para tal desconsideração. Para outros, essa regulamentação evitará injustiças, pois para se promover a desconsideração da pessoa jurídica deve-se observar os pressupostos e requisitos para instauração do incidente, o que antes não ocorria.

Desta feita, a IN 39/16 foi significativa ao traçar os pontos aplicáveis à Execução Trabalhista. Agora devemos aguardar o posicionamento dos nossos tribunais a fim de consolidar o entendimento sobre os novos dispositivos legais do CPC/15, para dar ao jurisdicionado uma execução efetiva, respaldada nas garantias constitucionais da duração razoável do processo, do direito de petição e do direito ao contraditório e da ampla defesa.

REFERÊNCIAS BIBLIOGRÁFICAS

DONIZETTI, Elpídio. *Curso Didático de Direito Processual Civil*. 19. ed. São Paulo: Atlas, 2016.

FREIRE E SILVA, Bruno. *O novo CPC e o Processo do Trabalho I*: parte Geral. 1. ed. São Paulo: LTr, 2015.

MARTINS, Sérgio Pinto. *Direito Processual do Trabalho*. 35. ed. São Paulo: Atlas, 2014.

PRETTI, Gleibe. *CLT comentada*. 2. ed. Ícone editora, 2016.

<http://www.migalhas.com.br/dePeso/16,MI247766,51045-Os+reflexos+do+novo+-CPC+na+execucao+trabalhista>

Produção Gráfica e Editoração Eletrônica: PIETRA DIAGRAMAÇÃO
Projeto de capa: FABIO GIGLIO
Impressão: GRAPHIUM